SÉRIE BRASIL
Ensino Médio

CADERNO DE REVISÃO

ENSINO MÉDIO
BIOLOGIA

Diarone Paschoarelli Dias

Licenciado em Ciências Biológicas pela Universidade de São Paulo, mestre em Melhoramento Genético Vegetal pela Faculdade de Ciências Agrárias e Veterinárias (Unesp-SP). Professor de Biologia do Ensino Médio, de Ciências do Ensino Fundamental e de Genética no Ensino Superior. Diretor de Escola de Ensino Básico de escolas particulares. Autor de apostilas de Biologia para Ensino Médio e Pré-vestibular de três sistemas de ensino. Membro da Sociedade Brasileira de Genética.

Verônica Bercht

Bacharel e licenciada em Ciências Biológicas pela Universidade de São Paulo. Foi professora de escolas públicas e particulares, editora de ciências em revista informativa e, desde 2009, é editora de livros didáticos de Ciências e Biologia.

1ª edição
São Paulo – 2016

Editora do Brasil

© Editora do Brasil S.A., 2016
Todos os direitos reservados

Direção geral: Vicente Tortamano Avanso
Direção adjunta: Maria Lúcia Kerr Cavalcante Queiroz

Direção editorial: Cibele Mendes Curto Santos
Gerência editorial: Felipe Ramos Poletti
Supervisão editorial: Erika Caldin
Supervisão de arte, editoração e produção digital: Adelaide Carolina Cerutti
Supervisão de direitos autorais: Marilisa Bertolone Mendes
Supervisão de controle de processos editoriais: Marta Dias Portero
Supervisão de revisão: Dora Helena Feres
Consultoria de iconografia: Tempo Composto Col. de Dados Ltda.
Licenciamentos de textos: Cinthya Utiyama, Jennifer Xavier, Paula Harue e Renata Garbellini
Coordenação de produção CPE: Leila P. Jungstedt

Concepção, desenvolvimento e produção: Triolet Editorial e Mídias Digitais
Diretora executiva: Angélica Pizzutto Pozzani
Diretor de operações e produção: João Gameiro
Gerente editorial: Denise Pizzutto
Editora de texto: Verônica Bercht
Assistente editorial: Tatiana Gregório
Preparação e revisão: Amanda Andrade, Carol Gama, Érika Finati, Flávia Venezio, Flávio Frasqueti, Gabriela Damico, Juliana Simões, Leandra Trindade, Mayra Terin, Patrícia Rocco, Regina Elisabete Barbosa, Sirlei Pinochia
Projeto gráfico: Triolet Editorial/Arte
Editor de arte: Wilson Santos Junior
Assistentes de arte: Beatriz Landiosi (estag.), Lucas Boniceli (estag.)
Ilustradores: Bentinho, Estúdio Ornitorrinco, Dawidson França, Suryara Bernardi
Iconografia: Pamela Rosa (coord.), Erika Freitas, Joanna Heliszkowski, Vanessa Volk
Capa: Paula Belluomini

Dados Internacionais de Catalogação na Publicação (CIP)
(Câmara Brasileira do Livro, SP, Brasil)

Dias, Diarone Paschoarelli
  Caderno de revisão, 3º ano : biologia natureza e sociedade : ensino médio / Diarone Paschoarelli Dias, Verônica Bercht. – 1. ed. – São Paulo : Editora do Brasil, 2016. – (Série Brasil : ensino médio)

  Componente curricular: Biologia.
  ISBN 978-85-10-06157-5 (aluno)
  ISBN 978-85-10-06158-2 (professor)

  1. Biologia (Ensino médio) I. Bercht, Verônica.
  II. Título. III. Série.

16-05852   CDD-574.07

Índice para catálogo sistemático:
1. Biologia : Ensino médio   574.07

Reprodução proibida. Art. 184 do Código Penal e Lei n. 9.610 de 19 de fevereiro de 1998.
Todos os direitos reservados

2016
Impresso no Brasil

1ª edição / 1ª impressão, 2016
Impresso na Arvato Bertelsmann

Rua Conselheiro Nébias, 887 – São Paulo/SP – CEP 01203-001
Fone: (11) 3226-0211 – Fax: (11) 3222-5583
www.editoradobrasil.com.br

APRESENTAÇÃO

Caro aluno,

Os animais, principalmente os mamíferos, são extremamente curiosos, desde que nascem. Filhotes e crianças se aventuram voluntariamente e, em geral, sem qualquer cuidado, para elucidar o mundo que os cerca e satisfazer as curiosidades que naturalmente têm.

As ciências, entre elas a Biologia, também nasceram, cresceram e se desenvolveram a partir do desejo intenso das pessoas que procuravam explicações convincentes sobre o que observavam ao seu redor.

As plantas, os animais, o céu, a Terra e o Sol despertaram profundo interesse nos povos primitivos que, procurando os "porquês" e "como", começaram a investigar a natureza e a si próprios. Assim, geração após geração, acumulamos conhecimentos sobre a nossa realidade e desenvolvemos tecnologias que trouxeram grandes benefícios para a humanidade. A produção de alimentos aumentou, a cura das doenças tornou-se possível, o bem-estar das pessoas melhorou, as informações chegam-nos rapidamente, ou seja, o conhecimento científico possibilitou a melhoria das condições de vida e o prolongamento dela.

Este *Caderno de revisão* faz parte de uma coleção que foi elaborada com a intenção de colaborar na sua iniciação nos conhecimentos e métodos científicos das Ciências Biológicas de que atualmente dispomos e de prepará-lo para perguntar, duvidar e procurar por esclarecimentos. Esperamos incrementar a curiosidade que cada um tem dentro de si e que ela o oriente para a pesquisa e investigação.

Não tenha dúvidas, Mendel, Darwin, Pasteur, Einstein, Newton, Lavoisier e muitos outros pesquisadores que marcaram época eram extremamente curiosos e atentos em suas observações, como qualquer um é e pode ser.

O autor

Sumário

VESTIBULARES E ENEM
O que é o vestibular? 6
O que é o Enem? 6
Como estudar para o vestibular e para o Enem? 7
Indicações de *sites* para ajudar a se preparar 8

EXAMES, COMPETÊNCIAS E HABILIDADES
Compreensão leitora 9
Esquemas 11
Gráficos 13
Infográficos 14
Tabelas 15
Publicidade 16
Matriz de competências e habilidades do Enem 17

O ESTUDO DA VIDA
A vida e os seres vivos 20
A Biologia na prática 21
EXERCÍCIOS 22

A CÉLULA
O estudo da célula 23
Composição química da célula 24
Membrana plasmática 25
Organelas citoplasmáticas 25
Núcleo e cromossomos 26
EXERCÍCIOS 27

A VIDA DA CÉLULA
Transporte de substâncias 31
Respiração celular e fermentação 31
Fotossíntese e quimiossíntese 32
Síntese de proteínas 32
Ciclo celular, mitose e meiose 33
EXERCÍCIOS 35

A REPRODUÇÃO DOS ORGANISMOS
Reprodução assexuada 39
Reprodução sexuada 39
Reprodução humana 40
EXERCÍCIOS 42

DESENVOLVIMENTO ANIMAL
Desenvolvimento embrionário dos animais 45
Desenvolvimento embrionário humano 47
EXERCÍCIOS 48

HISTOLOGIA ANIMAL
Tecido epitelial 51
Tecido conjuntivo 51
Tecido muscular 52
Tecido nervoso 52
EXERCÍCIOS 53

A DIVERSIDADE BIOLÓGICA
A origem da vida 56
Classificação e nomenclatura biológica 57
EXERCÍCIOS 58

VÍRUS, PROCARIONTES, PROTISTAS E FUNGOS
Vírus 60
Procariontes 60
Protistas 61
Fungos 62
EXERCÍCIOS 63

PLANTAS
Diversidade vegetal 66
Tecidos e órgãos vegetais 68
Fisiologia vegetal 68
EXERCÍCIOS 70

ANIMAIS INVERTEBRADOS

Introdução ao reino dos animais e aos poríferos e cnidários 72
Platelmintos e nematódeos 72
Moluscos e anelídeos 74
Artrópodes e equinodermos 75
    EXERCÍCIOS 76

CORDADOS

Filo chordata 78
Peixes 78
Anfíbios 78
Répteis 78
Aves 79
Mamíferos 79
Fisiologia comparativa 79
    EXERCÍCIOS 81

FISIOLOGIA HUMANA

Digestão 84
Circulação 84
Respiração 85
Excreção 85
Coordenação nervosa e sentidos 86
Coordenação hormonal 87
    EXERCÍCIOS 88

GENÉTICA

Primeira Lei de Mendel 91
Segunda Lei de Mendel 92
Heranças genéticas e interação gênica 93
    EXERCÍCIOS 94

BIOLOGIA MOLECULAR

O DNA como material hereditário 97
Mutações e genoma 97
Biotecnologia e suas aplicações 98
    EXERCÍCIOS 99

EVOLUÇÃO

Evolução e teorias evolutivas 102
Teoria sintética da evolução e especiação 102
Evidências evolutivas 103
Aspectos da história evolutiva da Terra 104
    EXERCÍCIOS 105

ECOLOGIA

Fundamentos da Ecologia 108
Relações ecológicas 110
Fatores abióticos, populações e comunidades 110
Biomas 111
    EXERCÍCIOS 114

O SER HUMANO E O AMBIENTE

Impactos ambientais e desenvolvimento sustentável 118
Poluição e mudanças climáticas 118
Agricultura 119
Ambiente e energia 120
    EXERCÍCIOS 121
Gabarito 124

VESTIBULARES E ENEM

Diversos alunos, ao terminar o Ensino Médio, inscrevem-se em vestibulares e no Enem para ingressar no Ensino Superior e dedicar-se a uma carreira, conseguir uma profissão. Este Caderno de revisão tem por objetivo ajudar você a compreender esses processos e a se preparar para eles, mostrando características gerais desses procedimentos e, posteriormente, realizando uma revisão de Biologia, matéria exigida no Enem e em diversos vestibulares.

O QUE É O VESTIBULAR?

Como, geralmente, o número de interessados é maior que o de vagas disponíveis em universidades e faculdades, é necessário um teste para selecionar as pessoas que ocuparão essas vagas. Vestibular, ou exame vestibular, é o processo de seleção empregado por universidades e faculdades na escolha das pessoas que terão direito de se matricular nessas instituições.

Em um vestibular, são cobrados conteúdos referentes ao Ensino Fundamental e ao Ensino Médio. Geralmente, não é exigido apenas o conceito de forma direta, mas sua interpretação, aplicação, adequação ou outros aspectos, conforme será visto neste Caderno de revisão.

A estrutura do vestibular varia de acordo com a instituição responsável pela prova e, algumas vezes, a mesma instituição utiliza diferentes tipos de exames. Ele pode, por exemplo, possuir uma ou duas fases, sendo uma com questões de múltipla escolha e outra com questões dissertativas. Já outros vestibulares podem possuir um número maior de questões de determinada disciplina.

Algumas universidades também apresentam cotas nos vestibulares, ou seja, possuem vagas reservadas para determinados grupos de pessoas. Essas informações devem ser checadas no *site* de cada instituição.

Após o vestibular, é divulgada uma lista de aprovados, que podem se matricular na instituição. Caso você não seja aprovado, existem outras listas de convocados, chamadas de listas de espera, pois nem todos que são aprovados em um vestibular se matriculam. Assim, estudantes que não são chamados num primeiro momento ainda podem ser aprovados.

O QUE É O ENEM?

Enem é a abreviatura para Exame Nacional do Ensino Médio. Criado em 1998, esse exame tem o objetivo de avaliar o desempenho do estudante ao fim da escolaridade básica (Ensino Fundamental + Ensino Médio). Podem participar do exame alunos que estão concluindo ou que já concluíram o Ensino Médio em anos anteriores.

O Enem é utilizado como critério de seleção para os estudantes que pretendem concorrer a uma bolsa no Programa Universidade para Todos (ProUni). Além disso, cerca de 500 universidades já usam o resultado do exame como critério de seleção para o ingresso no Ensino Superior, complementando ou substituindo o vestibular.

Esse exame é dividido em 4 áreas de conhecimento: **Linguagens, códigos e suas tecnologias**; **Matemática e suas tecnologias**; **Ciências da Natureza e suas tecnologias** e **Ciências Humanas e suas tecnologias**. Cada uma delas é exigida de acordo com competências e habilidades próprias, que são maneiras de compreender, relacionar e aplicar os conteúdos estudados ao longo do Ensino Médio e do Ensino Fundamental, privilegiando a compreensão e aplicação dos conteúdos em vez de sua memorização. Nesse material, as questões serão referidas com competências e habilidades da área Ciências da Natureza e suas tecnologias, na qual a disciplina Biologia está inserida.

Tanto para o Enem como para vestibulares, é necessário estar atento a datas de inscrição, valores a serem pagos, possíveis isenções, data das provas, locais de aplicação e duração do exame. Essas informações variam de acordo com a instituição que realiza o exame e devem ser consultadas com antecedência no *site* da instituição ou no Manual do Candidato para evitar imprevistos na realização dos exames.

COMO ESTUDAR PARA O VESTIBULAR E PARA O ENEM?

A quantidade de conteúdos cobrada nos vestibulares e no Enem é muito grande, afinal, é toda a matéria estudada durante os anos de ensino. Assim, é necessário estudar toda a Biologia que foi ensinada, toda a Química, toda a Matemática, toda a Literatura etc. É impossível que a totalidade desses conteúdos seja cobrada em poucas provas; dessa forma, alguns temas não são avaliados. No entanto, isso não significa que eles não devem ser estudados, pois não há como saber quais temas serão cobrados e quais não.

Dois itens são necessários para o estudo: tempo e planejamento. Devido à quantidade de conteúdos, estudar poucos dias antes da prova e de maneira desorganizada geralmente não tem efeito positivo. É recomendável começar a se preparar ao menos com alguns meses de antecedência da prova, como no começo do ano no qual os exames serão realizados. Organizar os estudos, determinando horários, atividades a serem feitas e objetivos também é essencial. É importante ler a matéria, escrever resumos e resolver questões das disciplinas estudadas; mas, como cada aluno possui suas facilidades e dificuldades em relação às disciplinas, para alguns pode ser mais interessante se dedicar mais à resolução de exercícios e, para outros, à elaboração de resumos.

É importante ressaltar que o estudo para esses exames, embora ocupe muito tempo, deve permitir uma boa qualidade de vida ao estudante, ou seja, ele também deve manter uma rotina saudável, com prática de exercícios e atividades de lazer.

Este Caderno de revisão é uma forma de estudar e revisar a disciplina Biologia. Ele contém resumos e exercícios da matéria que são muito úteis, mas podem não ser suficientes para o estudo. Sempre que considerar necessário, consulte os livros de Biologia para descrições e explicações mais detalhadas. Fazer seu próprio resumo, elaborar esquemas, ilustrações e tabelas também é uma forma de estudar a matéria.

É comum que aluno estude com mais afinco as matérias com as quais possui mais afinidade e que são típicas do curso que ele pretende fazer. Uma pessoa que deseja cursar Odontologia, por exemplo, costuma preferir estudar Química e Biologia. Porém, o estudo de todas as matérias é importante, afinal, geralmente todas são cobradas nos exames. E, na maioria das provas, acertar uma questão de Biologia ou História tem o mesmo valor. Além disso, existem questões interdisciplinares, nas quais o conhecimento sobre apenas uma disciplina não é suficiente para se obter respostas.

Tipos de questão encontrada nos vestibulares e no Enem

Existem diversas maneiras de verificar se os alunos possuem os conhecimentos solicitados por meio de questões. As perguntas podem ser divididas em dois grandes grupos: questões de múltipla escolha, nas quais o aluno escolhe uma ou mais alternativas fornecidas; ou questões dissertativas, nas quais o aluno deve redigir a resposta. Também é possível cobrar conteúdos e sua interpretação por meio de redações.

Existem diversos tipos de questão de múltipla escolha, sendo o mais comum aquele que pede para selecionar a alternativa correta. Também pode ser necessário selecionar a alternativa incorreta, determinar se o que está escrito é verdadeiro ou falso ou somar valores que são indicados em alternativas. Para saber o tipo de questão, é necessário ler atentamente o enunciado e as informações gerais da prova. Apesar de parecer uma recomendação básica, ela é importante, já que é comum acontecerem erros, como assinalar uma alternativa correta quando a pedida é a incorreta. O estresse enfrentado pelos estudantes no dia das provas facilita a ocorrência desse tipo de engano.

Já as questões dissertativas exigem, além do conteúdo específico da matéria, noções de escrita, já que a resposta precisa ser clara e coerente. É importante responder apenas o que está sendo perguntado, para diminuir a chance de erros. Se necessário, devem ser mostrados cálculos e, quando existir uma resposta numérica, ela deve ser destacada e acompanhada da unidade de medida, quando couber. É necessário estar habituado a responder a todos esses tipos de pergunta, e esse Caderno de revisão possui exercícios para auxiliar nessa preparação.

Algumas questões são denominadas interdisciplinares, pois cobram conteúdos de mais de uma disciplina. Os impactos ambientais da Primeira Revolução Industrial, por exemplo, é um tema interdisciplinar, pois envolve as disciplinas Geografia, História e Biologia. Esse tipo de pergunta mostra a importância de compreender a matéria estudada e conseguir relacioná-la, já que essa é a única maneira de responder a uma questão desse tipo.

INDICAÇÕES DE *SITES* PARA AJUDAR A SE PREPARAR

Inep – Instituto Nacional de Estudos e Pesquisas Educacionais Anísio Teixeira

É o órgão responsável pelo Enem e apresenta informações sobre o exame e as inscrições.

www.inep.gov.br

FGV (Fundação Getulio Vargas) – Ensino Médio digital

Site que permite, após cadastro gratuito, criar simulados e testes que ajudam a estudar para o Enem e os exames vestibulares.

http://ensinomediodigital.fgv.br/home

Guia do Estudante

Nessa página, você pode encontrar diversas informações sobre vestibulares e Enem, e sobre as carreiras oferecidas por universidades e faculdades.

http://guiadoestudante.abril.com.br

UOL Vestibular

No endereço a seguir, você pode encontrar diversas matérias sobre Enem e vestibulares, além de materiais de estudo e provas aplicadas anteriormente.

http://vestibular.uol.com.br

Acessos em: 6 jun. 2016.

EXAMES, COMPETÊNCIAS E HABILIDADES

O Enem e alguns dos vestibulares aplicados no Brasil trabalham com competências e habilidades específicas para determinada matéria. Conforme vimos, essas são maneiras de compreender, relacionar e aplicar os conteúdos estudados ao longo do Ensino Médio e do Ensino Fundamental, privilegiando a compreensão e aplicação dos conteúdos em vez de sua memorização, ou seja, não são algo adicional a se estudar, mas sim maneiras de trabalhar os conteúdos exigidos nesses exames.

As competências e habilidades apresentam dois objetivos principais: ajudar a resolver situações-problema e analisar resoluções para problemas diversos, avaliando os efeitos das resoluções apresentadas. Para atingir esses objetivos, geralmente é necessário aplicar conhecimentos adquiridos ao longo do Ensino Médio a situações descritas nos exercícios, ou seja, o exercício não cobra uma simples aplicação direta de conceitos estudados, mas sim como eles podem ser utilizados para resolver situações-problema e avaliar soluções. O domínio das competências permite estabelecer relações entre os elementos estudados e outros fatores, como determinadas situações, imagens, propagandas etc.

Uma situação que pode ser proposta é analisar quais são os impactos do plantio de eucaliptos em áreas degradadas. Para isso, é necessário conhecer diversos conceitos de Biologia e relacioná-los às características desse processo. Fazer essa análise é uma competência pedida pelo Enem. Entre Veredinha e Turmalina (MG), 2015.

Existem algumas maneiras de treinar as competências e habilidades exigidas no Enem. Diversas delas se baseiam em alguns temas que serão estudados nesta seção.

COMPREENSÃO LEITORA

Refere-se à compreensão de um texto após a leitura. Apesar de a percepção parecer óbvia em alguns casos, ela é extremamente necessária em todas as questões de todos os exames. Essa competência não se resume a saber ler, mas sim em ler e compreender o texto, conseguindo interpretá-lo e, quando necessário, aprender com ele.

A leitura por si só não garante a aprendizagem e a compreensão de um texto. Elas dependem, em grande parte, de conhecimentos prévios sobre o conteúdo do texto ou de informações que se deve reconhecer, interpretar e assimilar, disponibilizadas no próprio texto.

Para entender um texto, deve-se estabelecer as relações conceituais referentes ao conteúdo a partir do seu próprio conhecimento de mundo, o que deve resultar em um processo de extração das ideias principais. O texto precisa ser lido quantas vezes forem necessárias e, se julgar adequado e houver tempo, pode ser feito um resumo ou uma lista de anotações para auxiliá-lo.

Essa competência é útil tanto para questões acompanhadas de textos quanto para as demais, já que compreender o enunciado e o comando de um exercício é essencial para resolvê-lo. Porém, a compreensão leitora não se restringe a textos. Esse processo também pode ser aplicado para compreender tiras, gráficos, tabelas etc. Em todos esses casos, é necessário ler e interpretar as informações que estão sendo disponibilizadas.

Em todos os tópicos analisados nessa parte do Caderno de revisão, serão disponibilizadas questões para trabalhar o tema descrito.

1. A tira abaixo faz referência a um processo celular.

Esse processo é denominado:

a) Difusão.

b) Osmose.

c) Respiração aeróbica.

d) Glicosilação.

e) Transporte ativo.

2. A rolinha-do-planalto (*Columbina cyanopis*) tinha sido observada pela última vez em 1941, há 75 anos, e já era considerada extinta por muitos especialistas. Porém, no [...] sábado [21/5/2016], pesquisadores do Observatório de Aves – Instituto Butantan e da Sociedade para a Conservação das Aves do Brasil (SAVE Brasil) anunciaram a redescoberta da espécie, que é considerada criticamente ameaçada de extinção.

Para os cientistas, a espécie, considerada uma das aves mais raras do mundo, mostra a importância do licenciamento ambiental, processo que analisa os impactos socioambientais de um empreendimento para avaliar se a obra é viável ou não e que pode deixar de ser obrigatório com a aprovação da Proposta de Emenda à Constituição 65/2012, em tramitação no Senado.

Nos últimos meses, os pesquisadores têm trabalhado no registro científico da redescoberta e na elaboração de um plano de conservação que assegure a sobrevivência da rolinha-do-planalto. A principal ameaça é a destruição do Cerrado, único bioma onde a ave é encontrada.

"Nossa preocupação agora é a conservação da ave. Estamos estudando diversas linhas de atuação no desenho deste plano. A principal delas é garantir que a região onde a espécie foi detectada seja transformada em uma área de conservação, o que beneficiaria não apenas a rolinha-do-planalto, mas também outras espécies ameaçadas que ocorrem na área", explica o ornitólogo Rafael Bessa, que redescobriu a espécie. [...]

PASCHOAL, Fábio. *Ave brasileira considerada extinta é redescoberta no Cerrado após 75 anos*. Disponível em: <http://viajeaqui.abril.com.br/national-geographic/blog/curiosidade-animal/rolinha-do-planalto-ave-brasileira-extinta-redescoberta/>. Acesso em: 9 jun. 2016.

A partir do texto, é possível inferir que:

a) a rolinha-do-planalto não está mais em risco de extinção.

b) a proposta de emenda à Constituição (PEC) 65/2012 ajudará a conservar espécies nativas.

c) a ave ficou sem ser avistada durante muitos anos por causa da falta de estudos sobre a espécie.

d) a conservação do Cerrado está relacionada à sobrevivência de diversas espécies ameaçadas que vivem nesse bioma.

e) não há evidências de que a ação humana no ambiente tenha afetado a população de rolinhas-do-planalto.

3. Em um artigo publicado na revista *Molecular Cell*, pesquisadores do Laboratório Nacional de Biociências (LNBio) descreveram mecanismos moleculares que regulam a produção da enzima glutaminase C (GAC), importante para a metabolização de um "combustível" essencial para a rápida proliferação de células tumorais.

Segundo os autores, a descoberta pode abrir caminho para o desenvolvimento de novas terapias contra o câncer. [...]

"A enzima glutaminase tem a função de converter o aminoácido glutamina em glutamato. Essa reação química permite às células usar a glutamina como combustível, assim como faz com a glicose, para a produção de energia e para a síntese de aminoácidos, ácidos nucleicos e outras macromoléculas importantes para o seu funcionamento. Como a célula tumoral prolifera de maneira descontrolada, precisa estar o tempo todo duplicando sua biomassa e, para isso, consumir glutamina é essencial", explicou Ambrosio.

De acordo com o pesquisador, diversas isoformas da enzima glutaminase podem ser encontradas no organismo humano, sendo as mais conhecidas a GAC, a KGA (*kidney-type glutaminase*) e a LGA (*liver-type glutaminase*). Embora elas apresentem pequenas diferenças em suas cadeias de aminoácidos, todas catalisam a mesma reação química.

"Dados da literatura indicam que a isoforma LGA tem papel na transmissão de estímulos nervosos no cérebro, assim como a KGA é importante para a detoxificação de amônia nos rins. Já a isoforma GAC está mais relacionada com o crescimento de tumores e, portanto, entender como sua expressão é regulada tem impacto direto em terapia", afirmou Dias. [...]

TOLEDO, Karina. Estudo desvenda como é regulada a produção de enzima-chave para o câncer, *Agência Fapesp*, São Paulo, 12 dez. 2009. Disponível em: <http://agencia.fapesp.br/estudo_desvenda_como_e_regulada_a_producao_de_enzimachave_para_o_cancer/23321/>. Acesso em: 9 jun. 2016.

Sobre o texto, pode-se afirmar que:

a) um título adequado para ele seria: É descoberta a cura do câncer.

b) o texto mostra como três isoformas de glutaminase possuem substratos diferentes.

c) o acesso a diversas fontes nutritivas auxilia o rápido crescimento dos tumores.

d) o texto descreve uma terapia para eliminar tumores.

e) uma hipotética eliminação dessa enzima afetará apenas os tumores.

ESQUEMAS

Esquema é a representação gráfica ou simbólica de coisas materiais ou imateriais. Existem diferentes tipos de esquema, com variados graus de complexidade. Quando um esquema é utilizado em uma questão, geralmente, compreendê-lo é essencial para resolvê-la.

A competência leitora também se aplica ao trabalho com esquemas, ou seja, é necessário ler e interpretar um esquema para resolver a questão. Para isso, é importante prestar atenção em setas ou indicadores que expliquem o funcionamento do esquema. Caso o esquema represente um processo ou ciclo, é necessário identificar os componentes e a sequência em que estes ocorrem.

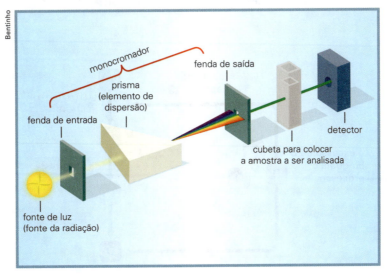

É comum encontrar esquemas que indicam o funcionamento de aparelhos. Com base neles, pode-se inferir as aplicações ou alterações desses aparelhos.

4. Analisando o esquema da página anterior, pode-se concluir que:

a) o detector é a parte mais importante, pois sem ele o aparelho não funciona.

b) o monocromador é composto da fenda de entrada e da fenda de saída.

c) o prisma é responsável pela dispersão da luz.

d) a cubeta é a amostra a ser analisada.

e) a fonte de luz pode variar conforme o ambiente.

5. Observe o esquema a seguir e assinale a alternativa incorreta.

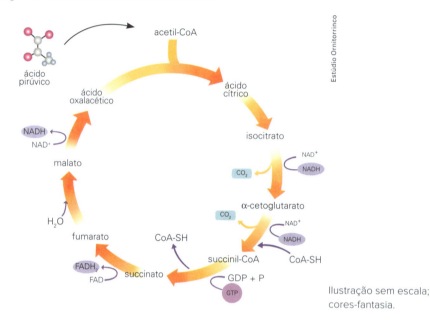

Ilustração sem escala; cores-fantasia.

a) o esquema mostra a eliminação de ácido cítrico.

b) o esquema indica que ocorre a eliminação de gás carbônico em determinadas reações.

c) o esquema representa a formação de moléculas que serão utilizadas na fosforilação oxidativa que ocorre nas mitocôndrias.

d) o esquema mostra que algumas moléculas, como NAD$^+$ e acetil-CoA, são necessárias para que ocorra a sequência de reações descrita.

e) no esquema são representadas reações que retiram carbono de alguns componentes da sequência de reações mostrada.

6.

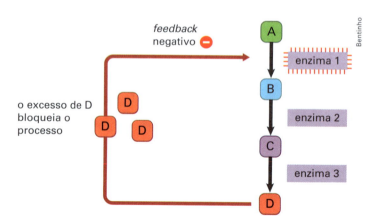

Qual das alterações a seguir, no esquema da página anterior, eliminaria o *feedback* negativo?

a) A conversão de D em outro produto.

b) Aumentar a quantidade de A disponível.

c) Diminuir a concentração da enzima 3.

d) Aumentar a quantidade de D disponível.

e) Inserir um novo composto que bloqueasse a enzima 1.

GRÁFICOS

Os gráficos são formas de expressar visualmente dados ou valores numéricos de maneiras diferentes. Existem gráficos de barras, gráficos de *pizza*, gráficos de linhas etc.

A leitura de gráficos exige atenção e observação de certos fatores. O título e a identificação dos eixos do gráfico ajudam a entender o que ele mostra. Observar, quando disponível, a unidade de medida dos valores mostrados também é muito importante. Por fim, é necessário observar a escala do gráfico: se ele estiver muito ampliado, uma pequena diferença pode parecer muito maior.

Apesar de parecerem muito diferentes, os dois gráficos apresentam os mesmos dados sobre a porcentagem de votos para os candidatos. Assim, é necessário prestar atenção nos eixos e nas informações dos gráficos, e não apenas em seu aspecto visual.

Em alguns casos, gráficos apresentam desvio padrão, uma barra que indica o grau de precisão do dado analisado. Por exemplo, em uma pesquisa sobre intenção de voto, é comum encontrar a informação de que a margem de erro da pesquisa é de dois pontos percentuais. Isso significa que o valor de intenção de voto obtido por um candidato deve estar entre dois pontos percentuais para mais ou para menos do anunciado. Se, nessa pesquisa, um candidato possui 36% das intenções de voto, a margem de erro indica que ele possui entre 34% e 38% das intenções de voto. Se outro candidato tem 32% das intenções de voto, essas intenções de voto variam entre 30% e 34%. Isso significa que, embora esses dois candidatos tenham obtido valores diferentes na pesquisa, eles podem estar empatados.

Gráficos podem mostrar tendências ao longo do tempo (como a variação de área desmatada por ano em um estado) ou dados momentâneos (a área desmatada em um estado em determinado dia). É importante verificar o intervalo de tempo em que os dados de um gráfico são disponibilizados para conseguir analisá-lo.

7. Selecione a alternativa que contém um título adequado para o gráfico a seguir.

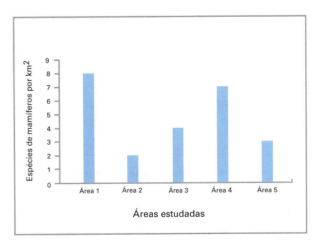

a) Biodiversidade em diferentes áreas.

b) Número de mamíferos por área.

c) Espécies de mamíferos por km^2.

d) Mamíferos nas áreas estudadas.

e) Número de espécies de mamíferos nas áreas estudadas.

8. As cobras-corais verdadeiras e as falsas são organismos vistosos que apresentam uma relação de mimetismo. Devido a essa relação, as cobras-corais falsas não são atacadas por serem muito parecidas com as verdadeiras, que possuem um potente veneno. Para determinar como essa relação afeta o ambiente, cobras-corais verdadeiras e cobras marrons foram colocadas em ambientes com e sem a presença de cobras-corais venenosas, e mediu-se a quantidade de ataques a essas cobras. Os resultados estão no gráfico abaixo:

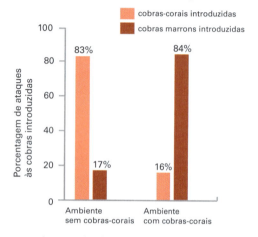

A partir dos resultados, pode-se concluir que:
a) o tipo de ambiente não está relacionado com o ataque às cobras-corais.
b) apenas animais que vivem em ambientes com cobras-corais verdadeiras evitam atacá-las.
c) as cobras-corais verdadeiras podem migrar para qualquer ambiente, já que sofrerão baixo percentual de ataque em qualquer um deles.
d) as cobras marrons são mais predadas que as cobras-corais por serem menos perigosas aos predadores.
e) as cobras-corais geralmente atacam as cobras marrons.

9. Observando o gráfico a seguir, podemos concluir que:

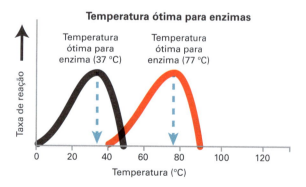

a) uma mesma enzima pode apresentar duas temperaturas ótimas de funcionamento.

b) a enzima representada pela linha vermelha pode ser encontrada nas Archaea.
c) quanto mais elevada a temperatura, maior a atividade enzimática.
d) a enzima representada pela linha preta está presente apenas em organismos que vivem nos trópicos, pois sua temperatura ideal é próxima às temperaturas típicas dessas regiões.
e) o aumento da temperatura desnatura proteínas, afetando sua conformação primária.

INFOGRÁFICOS

Infográfico, ou infografia, é um tipo de representação visual que geralmente une pequenos textos e representações figurativas e esquemáticas, com o objetivo de explicar um processo ou conceito.

Devido à junção de textos e imagens, um infográfico costuma abordar temas complexos, porém com o objetivo de facilitar a compreensão destes. É importante fazer a relação entre os textos e as imagens para entender o assunto tratado no infográfico.

10. No procedimento representado no infográfico a seguir

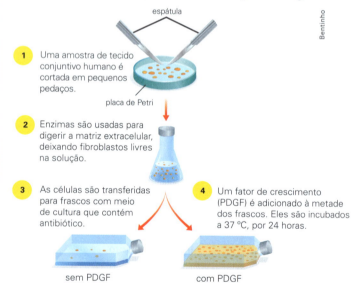

a) a matriz extracelular é utilizada para manter as células aderidas aos frascos de cultura.
b) o antibiótico impede o crescimento celular em metade dos frascos de cultura.
c) a adição de PDGF impede o crescimento celular.
d) a função do meio de cultura é estimular o crescimento celular.
e) o processo mostrado cria clones das células originais.

11.

 ① No inverno, a porção de água mais fria (0 °C) fica logo abaixo do gelo superficial; a água esquenta de acordo com o aumento da profundidade, chegando a cerca de 4 °C no fundo do lago.

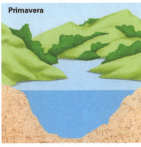 ② Na primavera, conforme o gelo derrete, a água superficial aquece até cerca de 4 °C e se mistura com as águas mais profundas, eliminando a estratificação térmica; a quantidade de oxigênio e de nutrientes aumenta nas águas superficiais.

 ③ No verão, o lago ganha novamente estratificação térmica, com as águas superficiais sendo mais quentes que as profundas.

 ④ No outono, a água superficial resfria rapidamente e migra para as áreas mais profundas do lago, movimentando a água até que a superfície congele e se estabeleçam as características de inverno no lago.

O infográfico acima não permite concluir que:

a) no inverno não pode existir vida no lago, já que este está totalmente congelado.
b) a água se movimenta no lago devido a alterações em sua densidade.
c) a movimentação da água ajuda na dispersão de gás oxigênio e de nutrientes.
d) em determinadas épocas do ano, a temperatura das águas do lago varia de acordo com a profundidade.
e) a movimentação da água pode auxiliar no resfriamento do lago.

TABELAS

Tabelas podem conter diversas linhas e colunas, e geralmente são analisadas tabelas simples nos vestibulares e no Enem. Elas são utilizadas para disponibilizar, de forma mais acessível, grande quantidade de dados e podem servir de base para a construção de um gráfico.

Para interpretar uma tabela, é necessário relacionar linhas e colunas corretamente, comparando as informações que elas apresentam.

12. A tabela a seguir mostra algumas informações sobre o genoma de determinadas espécies. A partir desses dados, responda às questões.

| \multicolumn{5}{c}{Genoma comparado de alguns organismos} |
Organismo	Nome científico	Número de cromossomos	Tamanho de genoma (nucleotídeos)	Número aproximado de genes
Ser humano	*H. sapiens*	46	3,2 bilhões	25 mil
Rato	*M. musculus*	40	1,6 bilhão	25 mil
Soja	*G. max*	40	1 bilhão	66 mil
Mosca-da-fruta	*D. melanogaster*	8	137 milhões	13 mil
Lombriga	*C. elegans*	12	97 milhões	19 mil
Levedura	*S. cerevisae*	32	12,1 milhões	6 mil
Bactéria	*E. coli*	1	4,6 bilhões	3 200
Bactéria	*H. influenzae*	1	1,8 milhão	1 700

a) Qual é a importância de disponibilizar o nome científico na tabela, mesmo existindo uma coluna que identifica esse organismo?

b) Existe alguma relação entre o número de genes e o grau de evolução dos organismos?

c) Monte um gráfico relacionando o tamanho do genoma com o número aproximado de genes. O que ele permite concluir?

d) Elabore uma hipótese para explicar por que organismos mais simples que o ser humano podem ter maior número de genes.

PUBLICIDADE

A análise de campanhas publicitárias também é comum em vestibulares e no Enem. Geralmente, uma campanha desse tipo apresenta subjetividade, tendo um significado que deve ser compreendido com base na interpretação de textos e imagens. A percepção desse significado é essencial para a resolução da questão.

Outra forma de abordar essas campanhas é usar conhecimentos específicos para verificar se a campanha apresenta algum erro ou mesmo para entender seu significado. Assim, pode-se relacionar conhecimentos específicos com uma linguagem que não é característica do ambiente escolar.

13. Nos últimos tempos, diversos tópicos que envolvem a biologia têm se popularizado e ganhado espaço no cotidiano das pessoas. Assuntos como clonagem, transgênicos, DNA, diferenciação celular, entre outros estão envolvidos em complexos debates devido às possibilidades de avanços que apresentam. Com essa popularização, esses temas também passaram a ser utilizados em campanhas publicitárias, como nos exemplos mostrados a seguir.

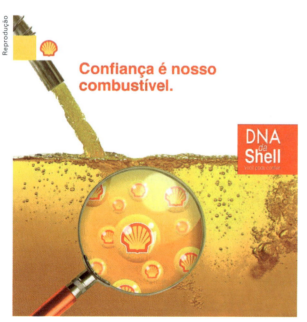
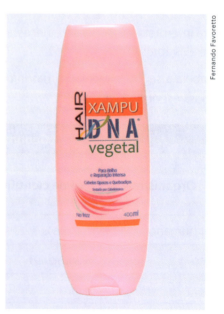

Diversas campanhas publicitárias utilizam conceitos científicos para vender produtos, mas podem usá-los de forma imprecisa ou errônea.

Apesar disso, ocorre muita confusão sobre esses conceitos e, em alguns casos, eles são mal aplicados. Isso pode gerar dois problemas: a campanha não atingir seu objetivo por utilizar o conceito de forma inadequada, ou uma pessoa aprender o conceito de forma errada por causa da campanha.

Escreva uma dissertação, com no mínimo 20 e no máximo 30 linhas, explicando quais são os possíveis efeitos do uso de conceitos de biologia em campanhas publicitárias e como isso pode impactar no desenvolvimento dessa ciência.

MATRIZ DE COMPETÊNCIAS E HABILIDADES DO ENEM

A seguir, disponibilizamos a Matriz de Competências e Habilidades do Enem. As questões aplicadas neste Caderno de revisão serão associadas a algumas delas, mas é importante ressaltar que uma questão pode trabalhar diversas competências e habilidades, incluindo algumas que não tiverem sido associadas a ela. Essa matriz também pode ser modificada, dessa forma, é importante consultar o portal do Inep para conferir se ocorreram alterações. As competências 6 e 7 não serão trabalhadas neste caderno, pois estão relacionadas de forma mais direta com Química e Física.

Matriz de Referência de Ciências da Natureza e suas Tecnologias

Competência de área 1 – Compreender as ciências naturais e as tecnologias a elas associadas como construções humanas, percebendo seus papéis nos processos de produção e no desenvolvimento econômico e social da humanidade.

H1 – Reconhecer características ou propriedades de fenômenos ondulatórios ou oscilatórios, relacionando-os a seus usos em diferentes contextos.

H2 – Associar a solução de problemas de comunicação, transporte, saúde ou outro com o correspondente desenvolvimento científico e tecnológico.

H3 – Confrontar interpretações científicas com interpretações baseadas no senso comum, ao longo do tempo ou em diferentes culturas.

H4 – Avaliar propostas de intervenção no ambiente, considerando a qualidade da vida humana ou medidas de conservação, recuperação ou utilização sustentável da biodiversidade.

Competência de área 2 – Identificar a presença e aplicar as tecnologias associadas às ciências naturais em diferentes contextos.

H5 – Dimensionar circuitos ou dispositivos elétricos de uso cotidiano.

H6 – Relacionar informações para compreender manuais de instalação ou utilização de aparelhos, ou sistemas tecnológicos de uso comum.

H7 – Selecionar testes de controle, parâmetros ou critérios para a comparação de materiais e produtos, tendo em vista a defesa do consumidor, a saúde do trabalhador ou a qualidade de vida.

Competência de área 3 – Associar intervenções que resultam em degradação ou conservação ambiental a processos produtivos e sociais e a instrumentos ou ações científico-tecnológicos.

H8 – Identificar etapas em processos de obtenção, transformação, utilização ou reciclagem de recursos naturais, energéticos ou matérias-primas, considerando processos biológicos, químicos ou físicos neles envolvidos.

H9 – Compreender a importância dos ciclos biogeoquímicos ou do fluxo energia para a vida, ou da ação de agentes ou fenômenos que podem causar alterações nesses processos.

H10 – Analisar perturbações ambientais, identificando fontes, transporte e (ou) destino dos poluentes ou prevendo efeitos em sistemas naturais, produtivos ou sociais.

H11 – Reconhecer benefícios, limitações e aspectos éticos da biotecnologia, considerando estruturas e processos biológicos envolvidos em produtos biotecnológicos.

H12 – Avaliar impactos em ambientes naturais decorrentes de atividades sociais ou econômicas, considerando interesses contraditórios.

Competência de área 4 – Compreender interações entre organismos e ambiente, em particular aquelas relacionadas à saúde humana, relacionando conhecimentos científicos, aspectos culturais e características individuais.

H13 – Reconhecer mecanismos de transmissão da vida, prevendo ou explicando a manifestação de características dos seres vivos.

H14 – Identificar padrões em fenômenos e processos vitais dos organismos, como manutenção do equilíbrio interno, defesa, relações com o ambiente, sexualidade, entre outros.

H15 – Interpretar modelos e experimentos para explicar fenômenos ou processos biológicos em qualquer nível de organização dos sistemas biológicos.

H16 – Compreender o papel da evolução na produção de padrões, processos biológicos ou na organização taxonômica dos seres vivos.

Competência de área 5 – Entender métodos e procedimentos próprios das ciências naturais e aplicá-los em diferentes contextos.

H17 – Relacionar informações apresentadas em diferentes formas de linguagem e representação usadas nas ciências físicas, químicas ou biológicas, como texto discursivo, gráficos, tabelas, relações matemáticas ou linguagem simbólica.

H18 – Relacionar propriedades físicas, químicas ou biológicas de produtos, sistemas ou procedimentos tecnológicos às finalidades a que se destinam.

H19 – Avaliar métodos, processos ou procedimentos das ciências naturais que contribuam para diagnosticar ou solucionar problemas de ordem social, econômica ou ambiental.

Competência de área 6 – Apropriar-se de conhecimentos da física para, em situações-problema, interpretar, avaliar ou planejar intervenções científico-tecnológicas.

H20 – Caracterizar causas ou efeitos dos movimentos de partículas, substâncias, objetos ou corpos celestes.

H21 – Utilizar leis físicas e (ou) químicas para interpretar processos naturais ou tecnológicos inseridos no contexto da termodinâmica e (ou) do eletromagnetismo.

H22 – Compreender fenômenos decorrentes da interação entre a radiação e a matéria em suas manifestações em processos naturais ou tecnológicos, ou em suas implicações biológicas, sociais, econômicas ou ambientais.

H23 – Avaliar possibilidades de geração, uso ou transformação de energia em ambientes específicos, considerando implicações éticas, ambientais, sociais e (ou) econômicas.

Competência de área 7 – Apropriar-se de conhecimentos da química para, em situações-problema, interpretar, avaliar ou planejar intervenções científico-tecnológicas.

H24 – Utilizar códigos e nomenclatura da química para caracterizar materiais, substâncias ou transformações químicas.

H25 – Caracterizar materiais ou substâncias, identificando etapas, rendimentos ou implicações biológicas, sociais, econômicas ou ambientais de sua obtenção ou produção.

H26 – Avaliar implicações sociais, ambientais e/ou econômicas na produção ou no consumo de recursos energéticos ou minerais, identificando transformações químicas ou de energia envolvidas nesses processos.

H27 – Avaliar propostas de intervenção no meio ambiente aplicando conhecimentos químicos, observando riscos ou benefícios.

Competência de área 8 – Apropriar-se de conhecimentos da biologia para, em situações-problema, interpretar, avaliar ou planejar intervenções científico-tecnológicas.

H28 – Associar características adaptativas dos organismos com seu modo de vida ou com seus limites de distribuição em diferentes ambientes, em especial em ambientes brasileiros.

H29 – Interpretar experimentos ou técnicas que utilizam seres vivos, analisando implicações para o ambiente, a saúde, a produção de alimentos, matérias-primas ou produtos industriais.

H30 – Avaliar propostas de alcance individual ou coletivo, identificando aquelas que visam à preservação e à implementação da saúde individual, coletiva ou do ambiente.

Disponível em: <http://portal.mec.gov.br/index.php?option=com_docman&view=download&alias=841-matriz-1&category_slug=documentos-pdf&Itemid=30192>. Acesso em: 13 jun. 2016.

O ESTUDO DA VIDA

▶ A VIDA E OS SERES VIVOS

Vida é um conceito de difícil definição, pois é um fenômeno natural que envolve desde reações químicas que ocorrem dentro das células em curto período de tempo até alterações que se processam ao longo de milhares ou milhões de anos, por meio da evolução das espécies.

A matéria que compõe os seres vivos é formada por átomos, que se organizam em moléculas e compostos iônicos por meio de ligações químicas. As moléculas se dividem em orgânicas (que geralmente contêm carbono e hidrogênio em sua composição) e inorgânicas (que não contêm carbono e hidrogênio em sua composição).

A matéria compõe as células, unidades fundamentais dos seres vivos e todo organismo é composto delas. Aqueles que possuem apenas uma célula são unicelulares e os que possuem mais de uma célula são pluricelulares.

Por meio da **nutrição**, os seres obtêm substâncias do ambiente que passam por várias reações químicas até serem transformadas nas substâncias nutritivas de que eles necessitam. Dessa forma, o ser vivo repõe moléculas, obtém matéria-prima para crescer e energia para manter suas atividades.

O conjunto de todas as reações químicas que ocorrem nos seres vivos é chamado **metabolismo**, que engloba dois tipos diferentes de processos: o anabolismo e o catabolismo. O **anabolismo** refere-se ao conjunto das reações químicas em que há construção de substâncias mais complexas a partir de substâncias mais simples. O **catabolismo** refere-se ao conjunto das reações químicas em que há transformação de substâncias mais complexas em outras mais simples.

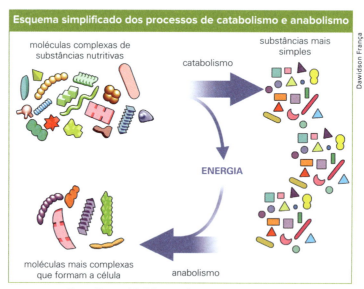

Ilustração sem escala; cores-fantasia.
Esquema simplificado dos processos de anabolismo e catabolismo.

Fonte: *Essential Cell Biology*. 2. ed. Nova York: Garland Science, 2004.

Os seres vivos são capazes de se reproduzir. Essa característica está associada à **hereditariedade**, que é a capacidade de transmitirem a seus descendentes informações que garantam a manutenção das semelhanças entre as gerações. Essas informações estão organizadas no **material genético**, que é transmitido aos descendentes durante a reprodução.

Existe diversidade do material genético dos seres vivos, denominada **variabilidade genética**. Ela está sujeita à evolução, processo em que são selecionados indivíduos com variações no material genético favoráveis à sobrevivência e à reprodução por um processo denominado **seleção natural**.

▶ A BIOLOGIA NA PRÁTICA

Método científico

Os cientistas elaboram perguntas sobre o que observam e buscam respondê-las com base no conhecimento científico existente. Esse conhecimento prévio permite-lhes formular uma possível resposta à pergunta que querem resolver, denominada **hipótese**, e, com base nela, o cientista pode fazer previsões e elaborar testes para verificar se ela está correta, o que pode ser feito através da **experimentação**.

Na experimentação, deve-se, preferencialmente, testar apenas uma variável. Por exemplo, para medir como a quantidade de adubo influencia no crescimento de plantas, deve-se usar o mesmo tipo de planta e de adubo e garantir que todas as condições (água, luz, temperatura etc.) sejam iguais, apenas a quantidade de adubo deve variar. Um grupo deve ser mantido fora do experimento, para conseguir observar adequadamente o efeito da variável. No caso, um grupo de plantas não receberia adubo. Esse é denominado **grupo-controle**. Essas etapas fazem parte do método científico, um conjunto de procedimentos que busca validar ou refutar uma hipótese.

Níveis de organização da vida

Os constituintes dos seres vivos podem ser organizados nos seguintes grupos, dos de menor para os de maior complexidade:

- **Átomo**: estrutura composta de prótons, nêutrons e elétrons.
- **Molécula**: formada por átomos. As reações químicas ocorrem a nível molecular.
- **Organela**: encontrada no interior das células. É formada por um conjunto de moléculas diferentes que variam conforme a função que desempenham.

Célula: unidade estrutural e funcional dos seres vivos. Nos organismos multicelulares, existem vários tipos de célula. Nos organismos unicelulares, a célula é o próprio organismo.

Tecido: estrutura formada por células especializadas em determinadas funções e dispostas de maneira organizada.

Órgão: estrutura formada por um conjunto de tecidos diferentes, associados de modo integrado e interativo, cada um desempenhando suas funções.

Sistema: conjunto de órgãos associados cooperativamente realizando uma função que isoladamente não realizariam.

Organismo: é um sistema vivo individual, como um animal.

População: conjuntos de organismos da mesma espécie que vivem e interagem em certa região em determinada época.

Comunidade: conjunto de populações de diferentes espécies que coabitam e interagem em determinada região.

Ecossistema: conjunto formado pela comunidade e pelos aspectos do ambiente em que ela vive, como a luminosidade e a umidade.

Biosfera: compreende todas as regiões do nosso planeta onde existe vida.

Exercícios

1. (UFSC) Ao examinar um fenômeno biológico, o cientista sugere uma explicação para o seu mecanismo, baseando-se na causa e no efeito observados. Esse procedimento:

   01. Faz parte do método científico.
   02. É denominado formulação de hipóteses.
   04. Deverá ser seguido de uma experimentação.
   08. Deve ser precedido por uma conclusão.

   Dê como resposta a soma dos números das asserções corretas.

2. (Uerj) Até o século XVII, o papel dos espermatozoides na fertilização do óvulo não era reconhecido. O cientista italiano Lazzaro Spallanzani, em 1785, questionou se seria o próprio sêmen, ou simplesmente o vapor dele derivado, a causa do desenvolvimento do óvulo. Do relatório que escreveu a partir de seus estudos sobre a fertilização, foi retirado o seguinte trecho:

   [...] para decidir a questão, é importante empregar um meio conveniente que permita separar o vapor da parte figurada do sêmen e fazê-lo de tal modo, que os embriões sejam mais ou menos envolvidos pelo vapor.

   Dentre as etapas que constituem o método científico, esse trecho do relatório é um exemplo de:

   a) análise de dados.
   b) elaboração de hipótese.
   c) coleta de material.
   d) planejamento do experimento.

3. (Fuvest-SP) Observando plantas de milho com folhas amareladas, um estudante de Agronomia considerou que essa aparência poderia ser devida à deficiência mineral do solo. Sabendo que a clorofila contém magnésio, ele formulou a seguinte hipótese: "As folhas amareladas aparecem quando há deficiência de sais de magnésio no solo". Qual das alternativas descreve um experimento correto para testar tal hipótese?

   a) Fornecimento de sais de magnésio ao solo em que as plantas estão crescendo e observação dos resultados alguns dias depois.
   b) Fornecimento de uma mistura de diversos sais minerais, inclusive sais de magnésio, ao solo em que as plantas estão crescendo e observação dos resultados dias depois.
   c) Cultivo de um novo lote de plantas, em solo suplementado com uma mistura completa de sais minerais, incluindo sais de magnésio.
   d) Cultivo de novos lotes de plantas, fornecendo à metade deles mistura completa de sais minerais, inclusive sais de magnésio, e à outra metade, apenas sais de magnésio.
   e) Cultivo de novos lotes de plantas, fornecendo à metade deles mistura completa de sais minerais, inclusive sais de magnésio, e à outra metade, uma mistura com os mesmos sais, menos os de magnésio.

4. (UFMG) Um estudante decidiu testar os resultados da falta de determinada vitamina na alimentação de um grupo de ratos. Colocou então cinco ratos em uma gaiola e retirou de sua dieta os alimentos ricos na vitamina em questão. Após alguns dias, os pelos dos ratos começaram a cair. Concluiu então que esta vitamina desempenha algum papel no crescimento e manutenção dos pelos. Sobre essa experiência podemos afirmar:

   a) A experiência obedeceu aos princípios do método científico, mas a conclusão do estudante pode não ser verdadeira.
   b) A experiência foi correta e a conclusão também. O estudante seguiu as normas do método científico adequadamente.
   c) A experiência não foi realizada corretamente porque o estudante não usou um grupo de controle.
   d) O estudante não fez a experiência de forma correta, pois não utilizou instrumentos especializados.
   e) A experiência não foi correta porque a hipótese do estudante não era uma hipótese passível de ser testada experimentalmente.

A CÉLULA

▶ O ESTUDO DA CÉLULA

A célula foi descoberta após o desenvolvimento do microscópio. Robert Hooke (1635-1703) publicou o livro *Micrographia*, o qual continha desenhos de vários materiais observados ao microscópio, entre eles cortes finos de um pedaço de cortiça. Ele notou que esses pedaços apresentavam muitas cavidades, e as chamou de células (do latim, *cella* = espaço vazio), sem saber que cada cavidade observada na cortiça corresponde ao espaço vazio que foi ocupado por uma célula viva.

Após as observações de Hooke, ocorreram diversos avanços e descobertas até se chegar ao modelo atual de célula. Atualmente, existem alguns tipos de microscópio, como o microscópio óptico, que permite observar amostras vivas, e o microscópio eletrônico, que permite maior aumento, mas não permite analisar amostras vivas.

A teoria celular

A partir da descoberta da célula, foi elaborada a teoria celular por Matthias Jakob Schleiden (1804--1881) e Theodor Schwann (1810-1882) e, atualmente, alguns de seus princípios são:

1. Todos os seres vivos são formados por células.

2. A célula é a unidade morfológica dos seres vivos, sendo a menor estrutura viva.

3. A célula é a unidade fisiológica dos seres vivos, ou seja, é a menor estrutura que consegue realizar as funções vitais.

4. As células originam-se de células preexistentes e a continuidade da vida depende, portanto, da reprodução celular.

Padrões celulares

As células mais simples são denominadas **procariotas** ou **procarióticas**, e os organismos constituídos por elas são chamados de **procariontes**. Todos os seres procariontes são unicelulares. Essas células apresentam o material genético imerso no citoplasma e possuem apenas ribossomos como organelas.

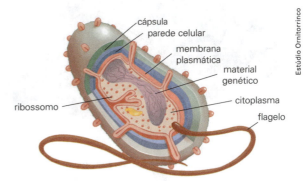

Esquema de organismo procarioto. Ilustração sem escala; cores-fantasia.

Os outros seres vivos apresentam células com **núcleo** visível e individualizado, em virtude da presença uma membrana que envolve o material genético. Essas células, chamadas de **eucariotas** ou **eucarióticas**, apresentam ribossomos e estruturas como o complexo golgiense, o retículo endoplasmático e as mitocôndrias. Os organismos formados por células eucariotas podem ser uni ou multicelulares e são denominados **eucariontes**. Existem dois tipos de célula eucarionte: as animais, que também apresentam centríolos, e as vegetais, que também apresentam cloroplastos, parede celular e grandes vacúolos.

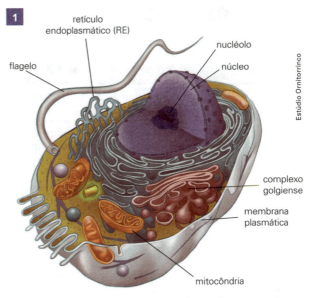

Ilustração sem escala; cores-fantasia.

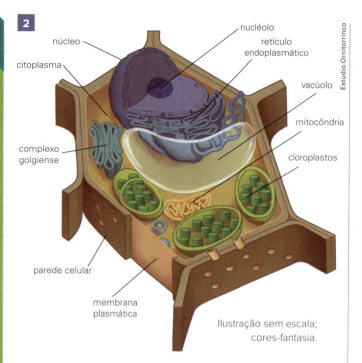

Esquema de células eucariontes animal (1) e vegetal (2).

Vírus

Não há unanimidade sobre a inclusão dos vírus no grupo dos seres vivos, já que são acelulares, não apresentam metabolismo e dependem de uma célula para se reproduzir. Porém, são capazes de se reproduzir, mesmo que dependam das células de algum ser vivo para isso, e estão sujeitos à seleção natural e evolução, que são características de seres vivos.

▶ COMPOSIÇÃO QUÍMICA DA CÉLULA

Molécula/tipo	Característica
Água/ inorgânica	Molécula mais abundante, caráter polar, forma ligações de hidrogênio.
Sais minerais/ inorgânicas	Podem estar dissolvidos na água, formando íons e cristais. Podem entrar na composição de moléculas orgânicas. Devem ser obtidos por meio da alimentação. Participam da estrutura e de processos importantes do metabolismo dos organismos.
Glicídios/ orgânicas	Têm função energética e estrutural nos seres vivos. Podem ser monossacarídios, dissacarídios e polissacarídios. O **amido** é o glicídio de reserva presente nos vegetais, e o **glicogênio** o dos animais. A **celulose** é o principal componente estrutural da parede celular das células vegetais.
Lipídios/ orgânicas	São moléculas apolares, pouco solúveis ou insolúveis em água. Têm função de reserva energética, impermeabilizante (por exemplo, em aves aquáticas), isolantes térmicos e função estrutural (como em membranas).
Aminoácidos/ orgânicas	Compostos que apresentam carbono, hidrogênio, oxigênio, nitrogênio e eventualmente enxofre. Possuem uma terminação amina, uma terminação ácido e um radical. Unem-se por ligações peptídicas. Os vegetais produzem todos os aminoácidos de que necessitam, mas não os animais. Entre eles, essas substâncias são classificadas como **essenciais**, quando não são produzidos pelo organismo, e como **aminoácidos naturais**, quando o organismo consegue sintetizá-los.
Proteínas/ orgânicas	São formadas por aminoácidos unidos. A sequência linear dos aminoácidos é a **estrutura primária** da proteína, as interações entre as terminações dos aminoácidos determinam a **estrutura secundária**, as interações entre os radicais dos aminoácidos formam a **estrutura terciária** e, em alguns casos, existe mais de uma cadeia polipeptídica, que se unem na **estrutura quaternária**. Podem possuir função enzimática, sendo denominadas enzimas, que interagem especificamente com determinados substratos. Podem perder sua conformação estrutural e desnaturar, devido a fatores como temperatura e pH.
Ácidos nucleicos/ orgânicas	São as substâncias que direcionam o crescimento e a reprodução celular. O RNA e o DNA são ácidos nucleicos, constituídos de **nucleotídeos**. A molécula dos nucleotídeos é formada por um grupo fosfato; uma pentose (a ribose no RNA ou a desoxirribose no DNA) e uma base nitrogenada que pode ser: a **adenina** (A), **guanina** (G), **citosina** (C), **timina** (T, apenas no DNA) ou **uracila** (U, apenas no RNA). O RNA é formado por uma fita simples de nucleotídeos, enquanto o DNA é formado por uma fita dupla que se liga por ligações de hidrogênio entre as bases nitrogenadas (A com T e C com G).
Vitaminas/ orgânicas	São substâncias que devem ser ingeridas na alimentação e que possuem importantes funções em diversos processos corpóreos. Sua falta gera avitaminoses.

▶ MEMBRANA PLASMÁTICA

Está presente em todas as células, envolvendo e limitando o conteúdo celular. É constituída por glicídios e, predominantemente, de fosfolipídios e proteínas. Apresenta estrutura fluida e **permeabilidade seletiva**, que permite a passagem de determinadas substâncias para o exterior ou interior da célula e, ao mesmo tempo, impede ou dificulta a passagem de outras. As células animais frequentemente apresentam uma cobertura externa sobre a membrana plasmática, o **glicocálix**, formado por uma camada de substâncias orgânicas, especialmente glicídios, que ajuda a reconhecer outras células e substâncias do meio extracelular.

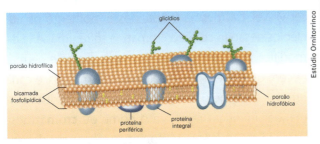

Esquema da membrana plasmática.

Envolto pela membrana plasmática fica o citoplasma, composto de material gelatinoso denominado **citosol**, no qual se encontram imersas as organelas citoplasmáticas. O citosol contém grande quantidade de água e substâncias necessárias para o funcionamento celular. Nas células eucariotas, existem fibras no citosol responsáveis pela sustentação, conferindo forma e movimento à célula, que compõe o citoesqueleto.

▶ ORGANELAS CITOPLASMÁTICAS

Ribossomos: são grânulos encontrados dispersos no citosol, ligados ao retículo endoplasmático rugoso e à parede externa do envelope nuclear. São constituídos por proteínas e RNA e participam ativamente da síntese de proteínas.

Retículo endoplasmático: formado por sáculos achatados que se conectam por meio de túbulos, pode apresentar ribossomos aderidos à superfície externa da membrana, sendo denominado retículo endoplasmático rugoso (RER) ou, se não os possuir, retículo endoplasmático liso (REL). Tanto o retículo endoplasmático liso quanto o rugoso estão relacionados à produção, ao transporte e ao acúmulo de produtos. O retículo endoplasmático rugoso sintetiza proteínas que são armazenadas em seu interior.

Complexo golgiense: porção diferenciada do retículo endoplasmático, assemelha-se a uma pilha de sáculos e vesículas achatadas. Está relacionado principalmente com as secreções celulares e é bastante desenvolvido nas células secretoras encontradas sobretudo nas glândulas, como as salivares, as lacrimais e as sudoríparas.

Lisossomos: pequenas bolsas de membrana que contêm enzimas digestivas, utilizadas na digestão intracelular. As enzimas são sintetizadas no retículo endoplasmático rugoso e, depois, são deslocadas para o complexo golgiense, onde são concentradas em vesículas que, ao se desprenderem do complexo golgiense, formam os lisossomos.

Vacúolos: são bolsas delimitadas por membrana, que nas células vegetais têm como principal função armazenar água, íons, pigmentos ou outras substâncias. Em uma célula vegetal, os vacúolos são grandes e em pequeno número.

Peroxissomos: são pequenas vesículas encontradas em células animais, que contêm peroxidases e catalases.

Mitocôndrias: organela responsável pela produção de energia química (ATP). Apresenta dupla membrana e DNA próprio, o que indica uma origem endossimbiótica, ou seja, sua origem é uma bactéria que foi englobada por uma célula.

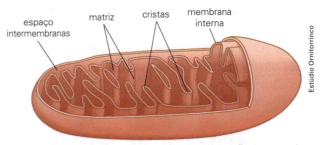

Representação de uma mitocôndria.

Ilustração sem escala; cores-fantasia.

Plastos: são organoides característicos de células vegetais. De acordo com a ausência ou presença de pigmentos, são classificados em leucoplastos (sem pigmentos, com função de armazenar substâncias) e cromoplastos (possuem pigmentos e são classificados de acordo com ele). Os verdes são os cloropastos;

A célula 25

os amarelos, xantoplastos; e os vermelhos, eritroplastos. Nos **cloroplastos** ocorre à fotossíntese, processo que absorve energia luminosa, consome água e gás carbônico e produz compostos orgânicos, que são armazenados e, posteriormente, consumidos como alimento pela planta. O cloroplasto apresenta dupla membrana e DNA próprio, o que indica uma origem endossimbiótica, ou seja, sua origem é uma bactéria que foi englobada por uma célula.

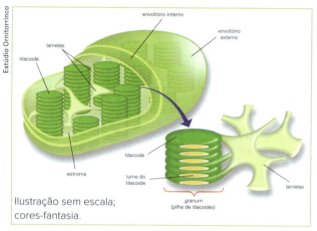

Estrutura de um cloroplasto.

Centríolos: são estruturas cilíndricas constituídas de microtúbulos. Encontrados em células animais e de alguns vegetais, os centríolos são capazes de se autoduplicarem e participam do processo da divisão celular.

Cílios e flagelos: são expansões da membrana plasmática para o exterior da célula. Diferem em relação ao comprimento e à quantidade. Os cílios são curtos e ocorrem em grande quantidade; os flagelos são longos e ocorrem em menor quantidade. Cílios e flagelos possibilitam a locomoção das células livres em meio líquido. Em células fixas em tecidos, eles provocam a circulação do meio com o qual fazem contato.

▸ NÚCLEO E CROMOSSOMOS

O **núcleo** é uma estrutura esférica, presente em praticamente todas as células eucarióticas, que contém o material genético e participa ativamente da divisão celular. A maioria das células apresenta apenas um núcleo, mas há algumas com dois núcleos, outras multinucleadas e outras anucleadas. Ele é preenchido pela **cariolinfa** (ou **nucleoplasma**), um líquido viscoso. Substâncias, como moléculas polares, proteínas e RNA, movimentam-se seletivamente através de **poros** presentes no envelope nuclear.

Na cariolinfa estão imersos a cromatina e os nucléolos. A **cromatina** é uma massa de filamentos enovelados e grânulos constituídos, principalmente, por **DNA** e proteínas (conhecidas como **histonas**). Cada filamento que forma a cromatina é denominado **cromonema**. Já os **nucléolos** são estruturas localizadas dentro do núcleo. A quantidade de nucléolos não é fixa; eles são responsáveis pela produção de estruturas precursoras dos ribossomos.

Quando uma célula começa a se dividir, o envelope celular se desintegra e o núcleo celular deixa de ser visível. Da mesma forma, nesse momento os nucléolos desaparecem e a cromatina sofre uma série de modificações. Os cromonemas se duplicam e permanecem unidos em uma região dos filamentos, e cada um deles recebe o nome de **cromátide**. As duas cromátides idênticas recebem o nome de **cromátides-irmãs**. Então, os dois cromonemas sofrem **condensação**, recebendo o nome de **cromossomos**.

Na espécie humana, as **células sexuais** ou **germinativas** possuem 23 cromossomos, enquanto todas as demais, denominadas **células somáticas**, possuem 23 pares de cromossomos. Entre os pares, 22 são denominados **cromossomos autossômicos**. O outro par, de **cromossomos sexuais**, nas mulheres é formado por cromossomos semelhantes chamados XX. Nos homens, esse par é formado por um cromossomo semelhante ao feminino (X) e outro com forma diferente chamado Y. Os cromossomos de cada par são chamados de **cromossomos homólogos**.

Em todas as espécies podem ocorrer alterações no número ou na estrutura dos cromossomos. Essas alterações, em geral, provocam vários efeitos em seus portadores.

Na espécie humana, existe a trissomia do cromossomo 21, que gera a síndrome de Down, a síndrome de Turner, cujo portador é do sexo feminino e possui apenas um cromossomo X, e a síndrome de Klinefelter, cujo portador é do sexo masculino e possui dois cromossomos X e um Y.

Exercícios

1. (FCC-SP) Considere as seguintes afirmações:

   I. A célula é a unidade funcional e estrutural dos organismos pluricelulares.

   II. Os organismos unicelulares originaram os organismos pluricelulares.

   III. A continuidade da vida depende da divisão celular.

   Serve(m) de apoio à teoria celular:

   a) apenas uma das afirmações acima.
   b) apenas as afirmações I e II.
   c) apenas as afirmações II e III.
   d) apenas as afirmações I e III.
   e) as afirmações I, II e III.

2. (FUC-MT) Mitocôndrias, ribossomos, complexo golgiense e retículo endoplasmático são estruturas celulares características. A célula vegetal possui:

   a) mitocôndria, ribossomos, complexo golgiense, mas não o retículo endoplasmático.
   b) ribossomo, complexo golgiense, retículo endoplasmático, mas não mitocôndrias.
   c) complexo golgiense, retículo endoplasmático, mas não ribossomo.
   d) mitocôndrias, ribossomos, complexo golgiense, retículo endoplasmático.
   e) mitocôndria, ribossomo, retículo endoplasmático, mas não o complexo golgiense.

3. (FMP-RJ) O gráfico a seguir mostra como a concentração do substrato afeta a taxa de reação química.

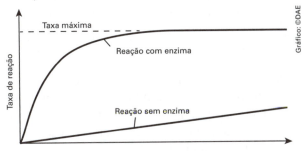

   O modo de ação das enzimas e a análise do gráfico permitem concluir que

   a) todas as moléculas de enzimas estão unidas às moléculas de substrato quando a reação catalisada atinge a taxa máxima.
   b) com uma mesma concentração de substrato, a taxa de reação com enzima é menor que a taxa de reação sem enzima.
   c) a reação sem enzima possui energia de ativação menor do que a reação com enzima.
   d) o aumento da taxa de reação com enzima é inversamente proporcional ao aumento da concentração do substrato.
   e) a concentração do substrato não interfere na taxa de reação com enzimas porque estas são inespecíficas.

4. (Cefet-MG) As principais substâncias que compõem o sêmen humano são enzimas, ácido cítrico, íons (cálcio, zinco, e magnésio), frutose, ácido ascórbico e prostaglandinas, essas últimas de natureza lipídica. Tais compostos desempenham papel específico na reprodução, possibilitando o sucesso da célula apresentada abaixo.

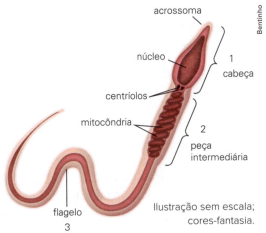

   Nessa célula, a substância que será utilizada na estrutura 2, permitindo a movimentação de 3, é um(a):

   a) lipídio.
   b) proteína.
   c) vitamina.
   d) carboidrato.

5. (UFJF/Pism-MG) A maior parte dos seres vivos é constituída por água, responsável por 70 a 85% de sua massa. Considere as afirmativas abaixo relacionadas às propriedades físico-químicas da água.

   I. A molécula de água é polarizada, ou seja, apesar de ter carga elétrica total igual a zero, possui carga elétrica parcial negativa na região do oxigênio e carga elétrica parcial positiva na região de cada hidrogênio.

   II. Na água em estado líquido, a atração entre moléculas vizinhas cria uma espécie de rede fluida, em contínuo rearranjo, com pontes de hidrogênio se formando e se rompendo a todo momento.

   III. A tensão superficial está presente nas gotas de água, sendo responsável pela forma peculiar que elas possuem.

   IV. O calor específico é definido como a quantidade de calor absorvida durante a vaporização de uma substância em seu ponto de ebulição.

Assinale a alternativa que contenha todas as afirmativas CORRETAS.

a) I e III
b) II e IV
c) I, II e III
d) I, II e IV
e) I, III e IV

6. (Fatec-SP) Na indústria têxtil, é uma prática comum aplicar goma aos tecidos no início da produção, para torná-los mais resistentes. Esse produto, entretanto, precisa ser removido posteriormente, no processo de desengomagem. Nesse processo, os produtos têxteis são mergulhados em um banho aquoso com uma enzima do grupo das amilases.

Os gráficos nas figuras **1** e **2** representam a eficiência da atividade dessa enzima em diferentes valores de temperatura e pH.

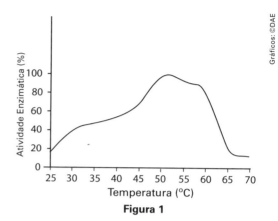
Figura 1

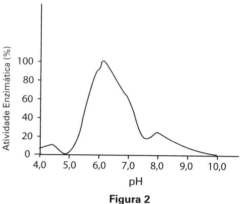
Figura 2

Com base nas informações apresentadas, está correto afirmar que, para se obter a máxima eficiência da ação da enzima no processo industrial citado no texto, seria necessário manter o banho aquoso de desengomagem a

a) 50 °C e pH ácido, sendo que a enzima age especificamente sobre proteínas.
b) 50 °C e pH ácido, sendo que a enzima age especificamente sobre polissacarídeos.
c) 50 °C e pH básico, sendo que a enzima age especificamente sobre polissacarídeos.
d) 70 °C e pH ácido, sendo que a enzima age especificamente sobre polissacarídeos.
e) 70 °C e pH básico, sendo que a enzima age especificamente sobre proteínas.

7. (UPF) As vitaminas são substâncias que o organismo não consegue produzir e, por isso, precisam fazer parte da dieta alimentar para que se tenha um organismo saudável. Analise o quadro referente às vitaminas, seu nome químico, sintomas ou distúrbios causados pela sua deficiência no organismo e principais fontes, e assinale a alternativa que faz a correta relação entre esses fatores.

	Nome químico	Vitamina	Sintomas/Distúrbios causados pela deficiência	Principais fontes
a)	Tocoferol	E	Esterilidade masculina e aborto	Óleo de amendoim, carnes magras e laticínios
b)	Retinol	A	Cegueira noturna, escorbuto e doenças da pele	Óleo de fígado de bacalhau, castanhas e gema de ovo
c)	Filoquinona	D	Raquitismo, hemorragias e infertilidade	Feijão, vegetais verdes e frutas amarelas
d)	Ácido ascórbico	C	Escorbuto, raquitismo e xeroftalmia	Tomate, pimentão e frutas cítricas
e)	Calciferol	K	Anemia perniciosa, hemorragias e fadiga	Castanhas, vegetais verdes e tomate

8. (IFSC)

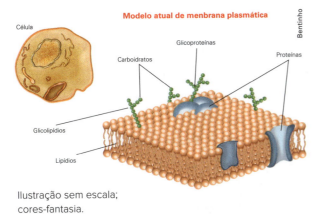

Ilustração sem escala; cores-fantasia.

Sobre a estrutura do modelo atual de membrana plasmática, proposto por Singer e Nicholson, é CORRETO afirmar que é um modelo:

a) que sugere a existência de quatro camadas moleculares: duas externas constituídas de proteínas, envolvendo duas camadas internas, formadas de lipídios.

b) disperso de proteínas, composto por duas camadas de carboidratos onde estão inseridas moléculas de proteínas.

c) em mosaico fluido, composto por duas camadas de glicoproteínas onde estão inseridas moléculas de lipídios.

d) em definição simétrica, composto por uma camada de fosfolipídeo onde estão inseridas moléculas de proteínas.

e) em mosaico fluido, composto por duas camadas de fosfolipídeos onde estão inseridas moléculas de proteínas.

9. (PUC-SP) Sabe-se que as células chamadas osteoblastos (célula do tecido ósseo), quando se encontram em fase de síntese, apresentam características estruturais muito próprias das células produtoras de proteínas.

Essas características relacionam-se ao maior desenvolvimento das seguintes organelas celulares:

a) retículo endoplasmático liso e centríolos.

b) retículo endoplasmático granular e peroxissomos.

c) retículo endoplasmático liso e lisossomos.

d) retículo endoplasmático granular e complexo golgiense.

e) retículo endoplasmático granular e lisossomos.

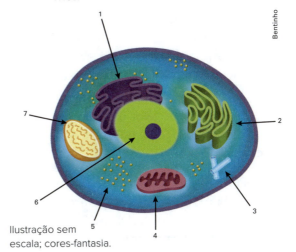

Ilustração sem escala; cores-fantasia.

10. (FGV-SP) O pâncreas é uma glândula anfícrina, ou seja, com dupla função, desempenhando um papel junto ao sistema digestório na produção de enzimas, tais como amilases e lipases, e também junto ao sistema endócrino, na produção de hormônios, tais como a insulina e o glucagon.

Tendo em vista a composição bioquímica desses catalisadores pancreáticos, as organelas citoplasmáticas membranosas envolvidas diretamente na produção e no armazenamento dessas substâncias são, respectivamente, o

a) retículo endoplasmático rugoso e o complexo golgiense.
b) retículo endoplasmático liso e o lisossomo.
c) ribossomo e o retículo endoplasmático rugoso.
d) complexo golgiense e o lisossomo.
e) lisossomo e o vacúolo digestivo.

11. (UEM-PR) Sobre as estruturas e organelas citoplasmáticas de uma célula eucariótica animal, é correto afirmar que

01) o citoesqueleto, formado por microtúbulos, microfilamentos e filamentos intermediários, dá suporte e forma para as células, além de colaborar em vários movimentos.
02) os centríolos colaboram na formação dos cílios e flagelos e na organização do fuso acromático.
04) os ribossomos são responsáveis pela síntese de proteína, mecanismo determinado pelo RNA produzido no núcleo da célula, conforme especifica o DNA.
08) o complexo de Golgi recebe proteínas do retículo endoplasmático e acondiciona essas moléculas em vesículas que serão enviadas para a membrana plasmática ou para outras organelas.
16) o retículo endoplasmático contém enzimas digestivas e participa da digestão intracelular unindo-se ao fagossomo e formando o vacúolo digestivo.

12. (UEPG-PR) O núcleo delimitado por membrana é uma estrutura de células eucarióticas e responsável pelo controle das funções celulares. Com relação à organização, estrutura e função do núcleo, assinale o que for correto.

01) A hemácia humana é uma célula anucleada, ou seja, durante a sua diferenciação, perdeu o núcleo.
02) O nucléolo é uma região do núcleo mais densa, não delimitada por membrana, que se cora mais intensamente com corantes básicos. Esse local é de intensa transcrição do ácido ribonucleico ribossômico (RNAr). Nos cromossomos, essas regiões são denominadas de regiões organizadoras de nucléolo.
04) A cromatina presente no núcleo consiste em DNA associado a proteínas histônicas e é o material que forma cada um dos cromossomos.
08) Todas as trocas entre núcleo e citoplasma ocorrem na forma de transporte ativo realizado por proteínas transmembranas presentes na carioteca.

13. (Udesc) Analise a figura que representa um cariótipo humano.

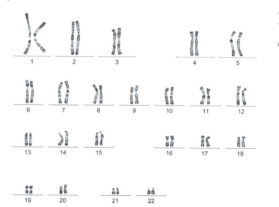

A representação refere-se ao cariótipo de um(a):

a) homem com a síndrome de Klinefelter.
b) homem com a síndrome de Down.
c) mulher normal.
d) mulher com a síndrome de Klinefelter.
e) homem com um número normal de cromossomos.

14. (UFPR) Um pesquisador injetou uma pequena quantidade de timidina radioativa (^{3}H – timidina) em células com o propósito de determinar a localização dos ácidos nucleicos sintetizados a partir desse nucleotídeo, utilizando uma técnica muito empregada em biologia celular, a autorradiografia combinada com microscopia eletrônica.

Assinale a alternativa que apresenta os dois compartimentos celulares nos quais o pesquisador encontrará ácidos nucleicos radioativos.

a) Núcleo e mitocôndrias.
b) Citosol e mitocôndrias.
c) Núcleo e retículo endoplasmático.
d) Citosol e retículo endoplasmático.
e) Peroxissomos e retículo endoplasmático.

A VIDA DA CÉLULA

▶ TRANSPORTE DE SUBSTÂNCIAS

Transporte passivo é aquele que acontece sem gasto de energia. Ele é a favor do gradiente de concentração, ou seja, uma molécula vai do meio em que ela está mais concentrada para o que está menos concentrada. Ele pode ser classificado como:

- **Difusão simples**: nas células, a difusão ocorre com substâncias para as quais a membrana é permeável e há uma diferença de concentração da substância entre o meio intracelular e o meio extracelular. Assim, o soluto tende a atravessar a membrana e igualar sua concentração nos dois meios.

- **Difusão facilitada**: ocorre através de proteínas integrais da membrana plasmática que funcionam como canais ou enzimas específicos que facilitam a passagem das substâncias.

- **Osmose**: tipo especial de difusão, onde ocorre o transporte do solvente, geralmente água nos seres vivos. Na osmose, a água tende a se difundir de uma solução menos concentrada (**hipotônica**) para uma solução mais concentrada (**hipertônica**), em relação ao soluto.

Transporte ativo é aquele que necessita de energia para ocorrer. Geralmente, é contra o gradiente de concentração. Ele é realizado por proteínas carreadoras especiais que integram a membrana plasmática. Existem vários tipos de proteína carreadora, específica para cada substância. Um exemplo é a bomba de sódio-potássio.

Endocitose é o processo pelo qual partículas grandes demais para atravessar a membrana entram na célula. Ela pode ser do tipo **fagocitose**, quando a célula emite **pseudópodes** e engloba partículas sólidas ou de consistência pastosa. Em seres unicelulares, fagocitose ocorre na ingestão do alimento. Já **pinocitose** é o processo de endocitose através do qual ocorre a ingestão de porções líquidas.

Exocitose é o procedimento pelo qual a célula elimina substâncias grandes demais para atravessar a membrana. Ele é chamado **clasmocitose** quando elimina os resíduos dos materiais processados pela fagocitose e pinocitose.

▶ RESPIRAÇÃO CELULAR E FERMENTAÇÃO

Células eucariotas retiram a energia armazenada nos alimentos principalmente pela **respiração celular**, mas também por outra via metabólica, a **fermentação**. As células procariotas realizam apenas a fermentação. Esses processos produzem **ATP** (abreviação de *adenosine triphosphate*), constituído de uma base nitrogenada ligada a uma ribose e a três íons fosfato. O ATP, quando transformado em ADP (abreviação de *adenosine diphosphate*) ou **difosfato de adenosina**, libera energia. Quando o ADP recebe um fosfato e gera ATP a molécula acumula energia.

A respiração celular é uma via metabólica na qual há consumo de oxigênio. Por isso, é chamada de aeróbia. Ela pode ser representada pela seguinte equação:

$$C_6H_{12}O_6 + 6\,O_2 \xrightarrow{30\,ADP + 30\,P \;\to\; 30\,ATP} 6\,CO_2 + 6\,H_2O$$

A respiração celular aeróbia é composta de três etapas: **glicólise**, **ciclo de Krebs** e **cadeia respiratória**. A glicólise ocorre no citosol e consiste em uma série de reações que resulta na quebra da molécula de glicose ($C_6H_{12}O_6$) em duas moléculas de ácido pirúvico ($C_3H_4O_3$). Nesse processo, são consumidas duas moléculas de ATP, mas, ao final, são produzidas quatro dessas moléculas. Ao longo da glicólise, quatro íons de hidrogênio são liberados e transportados por substâncias transportadoras de hidrogênio, o NAD (*nicotinamida-adenina-dinucleotide*), que transporta um hidrogênio na forma de NADH.

O ciclo de Krebs ou ciclo do ácido cítrico ocorre no interior da mitocôndria. As moléculas de ácido pirúvico e de NADH produzidas na glicólise são transportadas para o interior da mitocôndria, onde o ácido pirúvico é transformado em **acetil-CoA**. Nesse ciclo, ocorre formação de 6 CO_2, 2 NADH, 2 GTP (que equivale a um ATP) e 8 $FADH_2$, outra substância transportadora de hidrogênio.

As moléculas de NADH e de $FADH_2$ produzidas na glicólise e no ciclo de Krebs são capturadas por

A vida da célula 31

complexos proteicos localizados nas **cristas mitocondriais**. Os elétrons são transportados através de uma cadeia de diversas proteínas e, no final dela, são capturados por moléculas de oxigênio, produzindo água. A energia liberada pelos elétrons ao passarem pelas proteínas é usada para bombear íons H$^+$ da matriz para o espaço entre as duas membranas da mitocôndria. A alta concentração desses íons faz com que eles tendam a voltar para a matriz por meio de um complexo proteico, a **ATP sintetase**, que promove a ligação de um ADP a um Pi (fosfato inorgânico), produzindo ATP. As reações da cadeia respiratória são chamadas também de **fosforilação oxidativa**.

Alguns tipos de bactérias realizam um processo no qual o receptor final de elétrons na cadeia respiratória não é o gás oxigênio. Esse processo é denominado respiração anaeróbia e é realizado por bactérias que vivem em ambientes onde o O$_2$ é escasso.

A fermentação é uma via metabólica que transfere a energia de moléculas de glicose para moléculas de ATP. No entanto, na fermentação, a degradação da molécula de glicose não é completa e grande parte de sua energia permanece nos produtos finais do processo. A fermentação ocorre no citosol e é um processo anaeróbio, ou seja, que prescinde da presença de gás oxigênio. Entre os organismos fermentadores existem os **anaeróbios obrigatórios** que não suportam a presença de gás oxigênio, morrendo em contato com ele; e os **anaeróbios facultativos**, que são seres cujas células realizam respiração celular na presença de oxigênio e, na sua ausência, fermentam.

▶ FOTOSSÍNTESE E QUIMIOSSÍNTESE

Fotossíntese é um processo que transforma a energia luminosa em energia química, armazenada em compostos orgânicos. Para que ocorra fotossíntese, as plantas, as algas e as cianobactérias – seres clorofilados –, além de captar a energia luminosa, consomem CO$_2$ e H$_2$O, produzindo O$_2$. A clorofila é o pigmento que dá cor verde às algas ou aos vegetais e transforma a energia solar em energia química, gerando elétrons excitados. Existem 4 tipos de clorofila. Considerando-se a produção de glicose como composto orgânico, a fórmula da fotossíntese é:

$$12\ H_2O + 6\ CO_2 \xrightarrow[\text{clorofila}]{\text{luz}} C_6H_{12}O_6 + H_2O + O_2$$

A equação da fotossíntese resume um processo que compreende uma série complexa de numerosas reações químicas agrupadas em duas etapas: a de claro (etapa fotoquímica) e a de escuro (etapa química ou enzimática). A **etapa de claro** inicia o processo de fotossíntese e recebe essa denominação porque ocorre na presença de luz. Ela ocorre nos tilacoides, onde se localizam os fotossistemas e lamelas do cloroplasto. A luz solar, incidindo sobre a folha da planta, excita a molécula de clorofila do fotossistema que libera elétrons carregados de energia. Esses são captados e transportados por uma série de transportadores de elétrons e, durante esse transporte, íons H$^+$ são transportados ativamente do estroma para o interior do tilacoide, de onde voltam para o estroma através de uma ATP-sintetase. Durante esse processo, moléculas de água são decompostas no fotossistema por enzimas, gerando H$^+$ e OH$^-$. Como essa decomposição ocorre em presença de luz, é denominada **fotólise da água**, e esse processo libera O$_2$. Um elétron gerado na fotólise da água é cedido para a clorofila, que se recompõe. Também há formação de NADPH$_2$, uma molécula transportadora de elétrons.

A **etapa de escuro** ou **etapa química** da fotossíntese recebe essa denominação porque não depende diretamente da luz, mas dos compostos produzidos na etapa de claro, ATP e NADPH$_2$, realizando-se tanto na presença como na ausência da luz. Ela ocorre no estroma e é composta de uma sequência cíclica de reações, conhecida como **ciclo das pentoses ou ciclo de Calvin-Benson**. Nele ocorre fixação do carbono e adição de átomos de hidrogênio, formando carboidratos. O hidrogênio é fornecido pelo NADPH$_2$ e a energia para que essa redução aconteça provém dos ATPs. Esse ciclo gera gliceraldeído 3-fosfato (ou PGAL), que pode dar origem a glicose.

A quimiossíntese é um processo biológico realizado por algumas bactérias e semelhante à fotossíntese, diferindo dela por empregar energia liberada de reações de oxidação entre compostos inorgânicos ao invés de energia solar.

▶ SÍNTESE DE PROTEÍNAS

Nas células eucariotas, a síntese de proteínas começa com a decodificação da informação armazenada no DNA nuclear. Nessa etapa, trechos da molécula de DNA servem como molde para a produção de uma molécula de um tipo especial de RNA, chamada **RNA mensageiro (RNAm)**. Como a molécula de RNAm que se forma é semelhante a uma cópia do DNA, essa etapa recebe o nome de **transcrição**. Esse processo é catalisado por um conjunto de proteínas chamadas de **RNA polimerase**. As bases nitrogenadas dos nucleotídeos do DNA ficam expostas e nelas passam a ser encaixadas as bases correspondentes. Adeninas se pareiam com uracilas, timinas com adeninas, citosinas com guaninas, e guaninas com citosinas.

A molécula de RNAm que se forma na transcrição atravessa os poros da membrana nuclear e, no citoplasma, orienta a etapa seguinte da síntese de proteína, chamada de **tradução**. Nela, o RNAm passa a ser o molde para a produção de proteínas. Nessa etapa, participam dois outros tipos de RNA: o **RNA ribossômico** (ou **RNAr**), que se encontra no interior dos ribossomos, local onde ocorre a tradução; e o **RNA transportador** (ou **RNAt**), que carrega os aminoácidos dispersos no citosol até os ribossomos durante a síntese de proteínas. Em uma região da molécula de RNAt, há uma trinca de nucleotídeos, denominada **anticódon**, que é complementar a trinca de nucleotídeos do RNAm, denominado **códon**. A ligação do RNAt com o aminoácido é específica. O códon AUG é o códon iniciador, o qual corresponde e se encaixa ao anticódon UAC e a tradução termina quando o ribossomo atinge um códon de finalização (UAA, UAG ou UGA), que não é reconhecido por nenhum RNAt; o polipeptídeo se solta e o RNAm livre pode ser lido novamente.

Código genético é a relação de correspondência entre a sequência de bases no DNA e a sequência de aminoácidos nas proteínas. Em todos os seres vivos conhecidos, ele é constituído por poucas bases nitrogenadas. Por isso, diz-se que ele é universal e que, provavelmente, teve uma origem única, comum a todos os seres vivos. As quatro bases nitrogenadas associam-se em trincas no RNAm, resultando em 64 combinações possíveis, os códons. Porém, na natureza, existem apenas 20 tipos de aminoácido, o que mostra que um aminoácido é codificado por mais de uma trinca. Por isso, diz-se que o código genético é **degenerado**.

A região do DNA transcrita é denominada gene, porém não há uma definição única para o termo gene. O conceito mais usado nos livros didáticos, para facilitar o estudo, considera que os genes são trechos de DNA que codificam a produção de moléculas de RNA.

▶ CICLO CELULAR, MITOSE E MEIOSE

O ciclo de vida das células eucariotas pode ser dividido em quatro fases distintas e bem-definidas. Esse ciclo inclui processos que promovem e garantem o sucesso da duplicação de seus componentes, inclusive o DNA, para que elas possam, então, dividir-se fisicamente em duas células-filhas. A primeira, a **fase G1** (de *gap*, em inglês, para intervalo), é um período dedicado às tarefas do metabolismo de rotina. Em seguida, na **fase de síntese** (**S**) há a **replicação** do DNA, processo pelo qual os cromossomos se duplicam. A fase **G2** é um novo intervalo e, finalmente, ocorre a **mitose** (**M**), na qual a célula se divide. A replicação do DNA ocorre na presença de enzimas DNA polimerase, de nucleotídeos livres de DNA. O processo inicia pela ação do DNA polimerase, que "abre" a molécula como um zíper, rompendo as ligações de hidrogênio existentes entre os pares de bases e separando as duas cadeias de nucleotídeos. À medida que essa separação ocorre, os nucleotídeos livres formam novas ligações de hidrogênio com os nucleotídeos das duas fitas de DNA, respeitando a formação dos pares de bases. Esse processo de duplicação é denominado **semiconservativo**, pois cada molécula-filha conserva metade da molécula-mãe, na forma de uma fita de nucleotídeo.

A mitose é um processo de divisão em que uma célula gera duas células-filhas idênticas. Ela pode ser dividida nas seguintes fases:

Prófase	Desintegração do núcleo, nucléolos desaparecem, condensação dos cromossomos duplicados (ligados pelo centrômero como cromátides-irmãs) e início da formação das fibras do fuso. Os centríolos começam a migrar para lados opostos da célula.
Metáfase	Na metáfase, os centríolos estão em polos opostos da célula, ligados por microtúbulos. Os cromossomos estão ligados aos microtúbulos provenientes dos dois centríolos nos centrômeros, e se encontram aproximadamente no meio da célula.
Anáfase	Caracterizada pela separação das cromátides-irmãs, que geram cromossomos individuais. Os cromossomos originários de cada cromátide-irmã migram para polos opostos da célula, puxados pelos centrômeros.
Telófase	Núcleo e nucléolos reaparecem, os cromossomos se descondensam e os microtúbulos se desorganizam. No final da telófase ocorre a citocinese, a separação do citoplasma, que se divide entre as duas células-filhas, junto às organelas.

A meiose é um processo em que uma célula gera 4 células-filhas com metade dos cromossomos (apenas um representante de cada par de homólogos). Ocorrem duas divisões celulares sucessivas, denominadas primeira divisão meiótica, ou meiose I, e segunda divisão meiótica, ou meiose II. As fases da meiose I são: prófase I, metáfase I, anáfase I e telófase I. As fases da meiose II são: prófase II, metáfase II, anáfase II e telófase II. Entre a meiose I e a meiose II há uma intérfase especial, denominada intercinese.

Por ser longa e apresentar fenômenos importantes, a prófase I foi dividida nas seguintes subfases para facilitar o seu estudo: leptóteno, zigóteno, paquíteno, diplóteno e diacinese. No leptóteno (do grego, *leptos* = delgado; *nema* = filamentos), os cromossomos duplicados encontram-se no início da espiralação. No **zigóteno** os cromossomos homólogos alinham-se e emparelham. Esse processo também é denominado **sinapse**. No **paquíteno**, o processo de pareamento é completado. As cromátides do mesmo cromossomo são as cromátides-irmãs, enquanto as que pertencem a cromossomos homólogos são chamadas **cromátides homólogas**. Durante o pareamento podem ocorrer quebras transversais de cromátides, que, ao se soldarem, fazem-no de tal modo que há troca de pedaços entre cromátides homólogas. O intercâmbio de pedaços de cromátides entre cromátides homólogas é denominado **crossing-over** ou **permutação**. No **diplóteno** os cromossomos pareados começam a se separar. Alguns deles permanecem unidos nos quiasmas, que são pontos onde houve *crossing-over*. Na **diacinese** os quiasmas, em razão da separação dos cromossomos homólogos, deslocam-se para as extremidades, no processo denominado **terminalização**. No fim da diacinese, os cromossomos homólogos tocam-se somente nos quiasmas existentes.

Na **metáfase I**, os cromossomos homólogos dispõem-se no equador celular, a carioteca e o nucléolo não existem e as fibras do fuso ligam-se aos cinetócoros.

Na **anáfase I**, os cromossomos homólogos são separados em polos opostos. Na **telófase I**, os cromossomos em polos opostos sofrem descondensação, a carioteca e o nucléolo são refeitos e ocorre a citocinese. A **intercinese** é uma intérfase de curta duração. Nela, não ocorre a duplicação do DNA. O comportamento dos cromossomos na meiose II é muito semelhante ao da mitose. Nessa fase, ocorre a separação das cromátides-irmãs, como na mitose, e são formadas 4 células-filha, com metade do número de cromossomos.

Comparação dos processos de divisão celular	Mitose	Meiose
Ocorre em	Células e 2n	Células 2n
Produz	2 células-filhas	4 células-filhas
Número de cromossomos nas células-filhas	Igual ao da célula-mãe (divisão equacional)	Metade da célula-mãe (divisão reducional)
Divisões celulares	Uma	Duas
Crossing-over	Não ocorre	Pode ocorrer na meiose I
Pareamento dos homólogos	Não ocorre	Ocorre na meiose I
Separação das cromátides	Irmãs na anáfase	Homólogas na anáfase I e irmãs na anáfase II
Responsável pela reprodução	Assexuada	Sexuada
Descendentes gerados	Geneticamente iguais	Com variabilidade genética

Exercícios

1. (Ueba) Com relação à fagocitose e à pinocitose, pode-se dizer que a célula engloba, respectivamente:

   a) partículas moleculares grandes e gotículas de líquido.
   b) gotículas de líquido e partículas moleculares grandes.
   c) partículas moleculares grandes mais gotículas de líquido e somente gotículas de líquido.
   d) somente gotículas de líquido e partículas moleculares grandes mais gotículas de líquido.
   e) partículas por osmose e partículas por endocitose.

2. (Fuvest-SP) A tabela abaixo compara a concentração de certos íons nas células de Nitella e na água do lago onde vive essa alga.

Concentração de íons em mg/ℓ	Na^+	K^+	Mg^{2+}	Ca^{2+}	Cl^-
Células	1 980	2 400	260	380	3 750
Água do lago	28	2	36	26	35

   Os dados permitem concluir que as células dessas algas absorvem:

   a) esses íons por difusão.
   b) esses íons por osmose.
   c) esses íons por transporte ativo.
   d) alguns desses íons por transporte ativo e outros por osmose.
   e) alguns desses íons por difusão e outros por osmose.

3. (UFSC) A membrana plasmática é uma membrana semipermeável, não havendo condições, normalmente, para o extravasamento dos coloides citoplasmáticos para fora da célula. Sob esse aspecto, a membrana já começa a selecionar o que deve entrar na célula ou dela sair. Considerando os diferentes processos de passagem através da membrana plasmática, é correto afirmar que:

   01. a osmose é a passagem de molécula de água sempre no sentido do meio mais concentrado para o menos concentrado.
   02. na difusão facilitada, participam moléculas especiais de natureza lipídica e há gasto de energia.
   04. no transporte ativo, enzimas agem como transportadores de moléculas, como açúcar e íons.
   08. a fagocitose é um tipo de endocitose em que ocorre o englobamento de partículas sólidas.
   16. a pinocitose é outro tipo de endocitose, ocorrendo, nesse caso, o englobamento de pequenas porções de substâncias líquidas.
   32. pela exocitose, substâncias inúteis à célula são eliminadas com o auxílio dos centríolos.

   Dê como resposta a soma dos números das alternativas corretas.

4. (Fuvest-SP) No processo de fabricação do pão, um ingrediente indispensável é o fermento, constituído por organismos anaeróbios facultativos.

   a) Qual é a diferença entre o metabolismo energético das células que ficam na superfície da massa e o metabolismo energético das células que ficam no seu interior?
   b) Por que o fermento faz o pão crescer?

5. (UCS-RS) Dadas as afirmações acerca da fotossíntese:

   I. A fase de claro compreende uma série de reações fotoquímicas onde a luz e a temperatura não interferem.

II. As reações da fase de claro ocorrem nas lamelas e na grana do cloroplasto, onde não há clorofila.

III. As reações da fase de escuro são catalisadas por enzimas e ocorrem no estroma do cloroplasto.

IV. Na fase de escuro ocorre a decomposição do ATP e a redução do CO_2 pelo $NADPH_2$.

Conclui-se que estão corretas:

a) I e II
b) II, III e IV
c) I, III e IV
d) III e IV
e) I, II, III e IV

6. (Cesgranrio-RJ) Temos um grupo de bactérias que, através da quimiossíntese, produz matéria orgânica. Sobre esse processo, marque a afirmativa correta:

a) A molécula de O_2 liberada provém das moléculas orgânicas envolvidas no processo.
b) A molécula de CO_2 utilizada é doadora de elétrons como na fotossíntese.
c) A energia proveniente do sol é armazenada em moléculas de ATP.
d) A energia utilizada no processo resulta da oxidação de moléculas inorgânicas.
e) A construção da matéria orgânica utiliza também energia radiante.

7. (Udesc) Um importante fenômeno na obtenção de energia é o Ciclo de Krebs, também denominado de ciclo do ácido cítrico ou ciclo dos ácidos tricarboxílicos.

Com relação a este ciclo, analise as proposições.
I. O ácido pirúvico no início do ciclo provém da quebra da molécula de glicose (glicólise).
II. Este ciclo ocorre no citoplasma tanto das células de organismos procariontes quanto nas dos eucariontes.
III. O aceptor final dos hidrogênios liberados neste ciclo, quando realizado na respiração aeróbica, é o oxigênio.
IV. Nas células musculares este ciclo pode ocorrer tanto no interior das mitocôndrias como no citoplasma da célula.

Assinale a alternativa **correta**.

a) Somente as alternativas I e III são verdadeiras.
b) Somente as alternativas I e II são verdadeiras.
c) Somente as alternativas II e III são verdadeiras.
d) Somente as alternativas II e IV são verdadeiras.
e) Somente as alternativas III e IV são verdadeiras.

8. (Ufes) A figura abaixo representa a interdependência entre dois processos celulares.

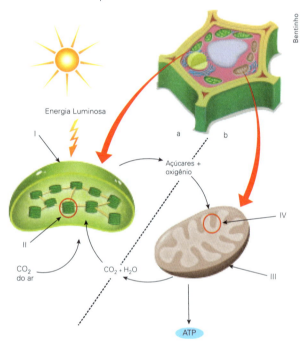

a) Identifique as estruturas I, II, III e IV, indicadas na figura.
b) Explique a relação entre os processos representados por **a** e por **b**.
c) Cite as etapas envolvidas no processo representado por **b**.

9. (Enem) Normalmente, as células do organismo humano realizam a respiração aeróbica, na qual o consumo de uma molécula de glicose gera 38 moléculas de ATP. Contudo em condições anaeróbicas, o consumo de uma molécula de glicose pelas células é capaz de gerar apenas duas moléculas de ATP.

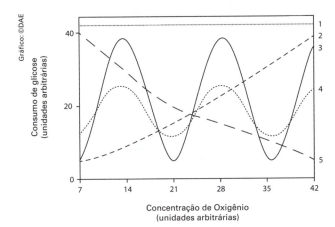

Qual curva representa o perfil de consumo de glicose, para manutenção da homeostase de uma célula que inicialmente está em uma condição anaeróbica e é submetida a um aumento gradual de concentração de oxigênio?

a) 1
b) 2
c) 3
d) 4
e) 5

10. (UFRJ) Um cientista analisou o conteúdo de bases nitrogenadas de uma amostra pura de DNA, correspondente a um determinado gene. Os valores encontrados estão na tabela abaixo:

Tipos de bases	Adenina	Citosina	Timina	Guanina
Número de bases	257	485	106	270

O cientista interpretou esses resultados como sendo compatíveis com um DNA, cuja molécula é formada por uma cadeia (um filamento). Justifique a conclusão do cientista.

11. (FGV) A sequência de aminoácidos numa cadeia polipeptídica corresponde à sequência de:

a) pares de nucleotídeos no RNA mensageiro.
b) trinca de nucleotídeos do RNA ribossômico.
c) pares de nucleotídeos no RNA ribossômico.
d) trincas de nucleotídeos no RNA transportador.
e) trincas de nucleotídeos no RNA mensageiro.

12. (Cesgranrio-RJ) Sobre a síntese de proteínas, são feitas as seguintes afirmações:

I. Um RNA-t (RNA transportador) transporta sempre um determinado aminoácido. Esse aminoácido, porém, pode ser transportado por vários RNA-t.

II. A tradução do código químico do RNA-m (RNA mensageiro) ocorre nos ribossomos localizados no retículo endoplasmático rugoso.

III. As moléculas de RNA-t apresentam numa determinada região da sua molécula uma trinca de bases nitrogenada anticódon.

Assinale a(s) afirmativa(s) correta(s):

a) Apenas II.
b) Apenas III.
c) Apenas I e II.
d) Apenas II e III.
e) I, II e III.

13. (Vunesp-SP) Os biólogos moleculares decifraram o código genético no começo dos anos 60 do século XX. No modelo proposto, códons constituídos por três bases nitrogenadas no RNA, cada base representada por uma letra, codificam 20 aminoácidos. Considerando as quatro bases nitrogenadas presentes no RNA (A, U, C e G), responda:

a) Por que foram propostos no modelo códons de três letras em vez de códons de duas letras?

b) Um dado aminoácido pode ser codificado por mais de um códon? Um único códon pode especificar mais de um aminoácido?

14. (Vunesp-SP) Sabe-se que o alcaloide colchicina é um inibidor da divisão mitótica, cuja ação impede a formação das fibras do fuso. Com base nessas informações, responda:

a) Até que fase a mitose se processaria normalmente em uma célula diploide tratada com a colchicina? Justifique a sua resposta.

b) Neste caso, qual seria o número cromossômico resultante do processo de divisão? Justifique.

15. (UPF-RS) Considere os seguintes eventos da divisão celular nos seres vivos:

1 - ocorrência de permuta.
2 - separação das cromátides irmãs.
3 - pareamento dos cromossomos homólogos.
4 - separação dos cromossomos homólogos.

A ordem em que esses eventos ocorrem no processo da meiose é:

a) 4, 3, 2, 1.
b) 3, 4, 1, 2.
c) 3, 1, 4, 2.
d) 2, 1, 3, 4.
e) 1, 2, 3, 4.

16. (UFJF/Pism-MG) As divisões celulares, mitose e meiose, são processos importantes para a manutenção e perpetuação das espécies. Durante o ciclo celular, nos dois tipos de divisões celulares, o período em que a célula não está se dividindo (intérfase) é conhecido como período de "repouso" celular. Com base no seu conhecimento sobre o ciclo celular responda:

a) Por que o termo "repouso" celular é inapropriado para a intérfase?
b) Em qual período da intérfase observa-se uma maior quantidade de DNA?
c) Quantas cromátides apresentam os cromossomos no período G2 da intérfase?

17. (PUC-SP) Nos esquemas abaixo temos a representação de um cromossomo em duas fases sequenciais (A e B) da divisão celular:

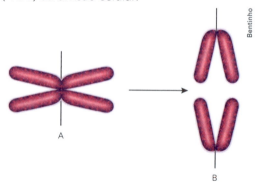

As fases A e B em questão são observadas

a) exclusivamente na mitose.
b) exclusivamente na meiose.
c) na mitose e na primeira divisão da meiose.
d) na mitose e na segunda divisão da meiose.

18. (Ulbra-RS) Uma das atividades desempenhadas pela célula é a divisão. A divisão celular é fundamental para o crescimento dos organismos multicelulares e, também, a base da reprodução. A mitose e a meiose são os dois tipos de divisão de células eucarióticas.

Analise as afirmativas abaixo:

I. Na mitose, as duas células-filhas resultantes da divisão são idênticas entre si e à célula parental.
II. Na anáfase mitótica, os cromossomos homólogos são separados e movidos em direção aos polos opostos da célula.
III. Na prófase I meiótica, ocorre recombinação de material genético entre cromossomos pareados.
IV. Na anáfase I da meiose, as cromátides-irmãs migram para os polos opostos da célula.

Está(ão) correta(s):

a) I e III.
b) I, III e IV.
c) Somente a I.
d) III e IV.
e) II e IV.

19. (Ufrgs-RS) Os diagramas abaixo se referem a células em diferentes fases da meiose de um determinado animal.

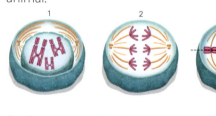

Os diagramas **1**, **2** e **3** correspondem, respectivamente, a

a) prófase I, metáfase I e telófase II.
b) prófase II, anáfase I e telófase I.
c) prófase I, metáfase II e anáfase II.
d) prófase II, anáfase II e telófase I.
e) prófase I, anáfase I e metáfase II.

A REPRODUÇÃO DOS ORGANISMOS

▶ REPRODUÇÃO ASSEXUADA

Reprodução é o processo pelo qual um organismo dá origem a descendentes. A **reprodução assexuada** é aquela em que apenas um indivíduo contribui para a geração dos descendentes. Ela decorre da mitose, gera indivíduos geneticamente idênticos, chamados **clones**, e constitui um processo simples e rápido, originando em pouco tempo um grande número de descendentes. Existem diversas formas de reprodução assexuada.

- **Divisão binária**: é a forma mais simples de reprodução assexuada. Ela é predominante entre os organismos unicelulares e consiste em uma divisão celular equacional (mitose).
- **Brotamento**: ocorre com a formação de brotos, que se desenvolvem em um indivíduo adulto, podendo ou não se destacar dele. Caso não haja separação, forma-se uma **colônia**.
- **Esporulação**: caracteriza-se pela formação de esporos, células especializadas que podem produzir um novo indivíduo. Esporos são capazes de sobreviver a condições ambientais adversas e germinar apenas quando encontrarem condições adequadas.
- **Multiplicação vegetativa**: a partir de determinadas partes de um vegetal, é possível originar uma nova planta.
- **Regeneração**: é a capacidade que certos animais apresentam de reconstituir as partes perdidas. Pode ser um processo de reprodução assexuada, já que cada parte de um animal dividido pode dar origem a um ser novo.

▶ REPRODUÇÃO SEXUADA

A reprodução sexuada é aquela em que há participação de duas células haploides: um gameta masculino e um gameta feminino. O gameta masculino dos animais é o **espermatozoide**, e o dos vegetais, o **anterozoide**. O gameta feminino nos animais recebe o nome de **óvulo** ou **ovócito**, e nos vegetais, de **oosfera**. Anterozoides e espermatozoides são gametas móveis; alguns vegetais apresentam gametas masculinos desprovidos de mobilidade própria e são conhecidos como **núcleo espermático**. O encontro dos gametas é chamado **fecundação**, e a fusão deles, **fertilização**. A célula resultante da fusão é o **ovo** ou o **zigoto**. Potencialmente, o zigoto é um novo indivíduo e é considerado uma célula totipotente.

Organismos que são capazes de produzir tanto gametas masculinos como femininos são denominados **monoicos** ou **hermafroditas**. De modo geral, a natureza dispõe de mecanismos que impedem a **autofecundação**, isto é, o encontro dos gametas masculinos e femininos originários do mesmo indivíduo hermafrodita. Assim, geralmente, nas espécies hermafroditas ocorre **fecundação cruzada**, o intercâmbio de gametas entre dois indivíduos monoicos.

Dizemos que uma espécie possui **sexos separados**, ou que é **dioica**, quando é composta de indivíduos que produzem apenas gametas masculinos e outros que produzem apenas gametas femininos.

Os gametas masculinos e os femininos podem ser lançados no ambiente e a fecundação ocorre fora do organismo. Esse procedimento denomina-se **fecundação externa**. Na **fecundação interna**, o encontro dos gametas realiza-se no interior do corpo do animal. Nesse caso, os espermatozoides, com um líquido que permite a sua locomoção, são introduzidos no aparelho reprodutor da fêmea em um ato denominado **cópula**.

A partenogênese consiste no desenvolvimento de óvulos não fecundados, originando novos indivíduos. Como os óvulos são haploides, os indivíduos originados por partenogênese também são haploides.

Organismos unicelulares podem se unir temporariamente por intermédio de uma ponte citoplasmática, trocando material genético, num processo denominado conjugação.

O ciclo de vida de um organismo depende da ocorrência da meiose. A partir desse critério, existem três tipos de ciclos: haplobionte diplonte (em que a meiose forma gametas), haplobionte haplonte (o organismo forma esporos por meiose, que geram gametas por mitose) e diplobionte.

REPRODUÇÃO HUMANA

Seres humanos produzem gametas a partir da puberdade. O sistema genital masculino é constituído de um par de testículos, bolsa escrotal, epidídimos, ductos ou canais deferentes, vesículas seminais, próstata e uretra. Cada testículo tem um epidídimo, de onde parte o ducto deferente. Os espermatozoides, formados nos testículos, permanecem no epidídimo até a ejaculação, quando passam pelo canal deferente, onde recebem o líquido seminal, produzido pela vesícula seminal, e o líquido prostático, produzido pela próstata. Esses líquidos contêm substâncias nutritivas para o espermatozoide, além de conduzi-lo durante a ejaculação. O produto final, eliminado na ejaculação, é denominado **sêmen**.

O sistema genital feminino é constituído por pudendo feminino, vagina, útero, tubas uterinas e ovários. Os ovários abrigam estruturas denominadas folículos primários, nas quais se encontram células haploides, os ovócitos, que são precursores dos óvulos. A cada 28 dias, aproximadamente, um folículo primário amadurece, formando o folículo de Graaf, que se rompe e libera o ovócito do seu interior. Esse processo é chamado **ovulação**. O ovócito liberado é captado pelas **fímbrias** da tuba uterina, de onde é levado para o útero e chega depois de três ou quatro dias. Na ovulação ocorre a liberação de um ovócito que completará a meiose ao ser fecundado, antes da junção do núcleo do então óvulo com o núcleo do espermatozoide.

Depois da ovulação, o folículo de Graaf transforma-se numa estrutura amarelada, conhecida por **corpo lúteo** ou corpo amarelo. O corpo lúteo pode ter dois destinos: quando não ocorre a fecundação, ele entra em degeneração. Ocorrendo a fecundação, o corpo lúteo persiste por aproximadamente três meses; portanto, até o terceiro mês da gravidez. Durante o desenvolvimento do folículo e do corpo lúteo, o útero também sofre modificações. Nesse período, o seu revestimento interno, o **endométrio**, espessa-se e amolece. As mudanças ocorridas no endométrio constituem uma preparação do útero para aninhar (ou nidificar) e dar proteção ao embrião, caso ocorra a gravidez. Não ocorrendo gravidez, as porções espessas do endométrio destacam-se e são liberadas, com um pouco de sangue, através da vagina – é a menstruação.

Os hormônios que controlam a reprodução humana são produzidos pela **hipófise** e pelas **gônadas** (testículos e ovários).

No homem, o hormônio luteinizante (LH), produzido pela hipófise, estimula as células intersticiais, localizadas nos testículos, a secretarem os hormônios sexuais masculinos, os **andrógenos**. A **testosterona** atua no aparecimento e na manutenção das **características sexuais secundárias masculinas**, como barba e engrossamento da voz. A hipófise masculina também secreta o hormônio folículo-estimulante (FSH), que atua na produção de espermatozoides.

Nas mulheres, no início do ciclo menstrual, a hipófise secreta o hormônio folículo-estimulante (FSH), que age sobre o ovário, induzindo o desenvolvimento do folículo de Graaf, com um ovócito em seu interior. À medida que se desenvolve, o folículo de Graaf secreta quantidades crescentes de **estrógenos**. Os estrógenos provocam o desenvolvimento do endométrio e, por volta do 11º dia do ciclo, atingem níveis altos de concentração no sangue. Os estrógenos são os hormônios feminilizantes que atuam na determinação das **características sexuais secundárias femininas**, como o desenvolvimento das mamas e afinamento da voz. Além desses efeitos, eles inibem a produção de FSH e estimulam a hipófise a secretar o hormônio luteinizante. A concentração de LH aumenta rapidamente no sangue e, em torno do 14º dia do ciclo, provoca a ovulação.

Após a ovulação, o LH estimula as células restantes do folículo de Graaf a se dividirem, originando o corpo lúteo que, também sob o estímulo do LH, secreta a **progesterona**. Assim como os estrógenos, a progesterona contribui para a manutenção do espessamento do endométrio e impede as contrações do útero, além de inibir a produção de LH pela hipófise. Com a redução do nível de LH no sangue, o corpo lúteo entra em degeneração, secretando, com o passar dos dias, quantidades decrescentes de progesterona. Desse modo, a progesterona atinge níveis baixíssimos por volta do 25º ou 26º dia do ciclo. Por falta dela, o útero começa a se contrair, e tem início a menstruação.

Com a menstruação, reinicia-se o ciclo. A duração desse ciclo de 28 dias pode variar. A menstruação não ocorre na mulher grávida porque a placenta secreta um hormônio, a **gonadotrofina coriônica** (HCG), que estimula o corpo lúteo a continuar produzindo progesterona, mantendo alto o nível desse hormônio na circulação sanguínea.

A partir daí o corpo lúteo regride, e a placenta passa a produzir a progesterona. Mulheres com ciclo menstrual regular (28 dias) ovulam no 14º dia do ciclo. O ovócito pode ser fecundado entre 8 e 24 horas após a ovulação, e os espermatozoides sobrevivem no sistema genital feminino, em condições normais, entre 24 e 48 horas.

O espermatozoide e o óvulo dos animais são formados por meiose de células germinativas presentes nas gônadas. O processo de formação dos gametas é denominado gametogênese. A gametogênese compreende a espermatogênese (formação do espermatozoide) e a ovogênese ou ovulogênese (formação dos óvulos).

Para se prevenir de doenças ou de uma possível gravidez indesejada, os métodos anticoncepcionais devem fazer parte da rotina das pessoas sexualmente ativas.

Os métodos anticoncepcionais ou contraceptivos podem ser classificados em: comportamentais (abstinência, coito interrompido, muco cervical, tabelinha e temperatura), de barreira (preservativos e diafragma), dispositivo intrauterino (DIU), métodos hormonais (pílulas, hormônios injetáveis e subcutâneos) e cirúrgicos (laqueadura e vasectomia). Os métodos comportamentais são os que mais falham, pois dependem de alteração de comportamento e do conhecimento do funcionamento do corpo, que é influenciado por mudanças do ambiente e de condições emocionais.

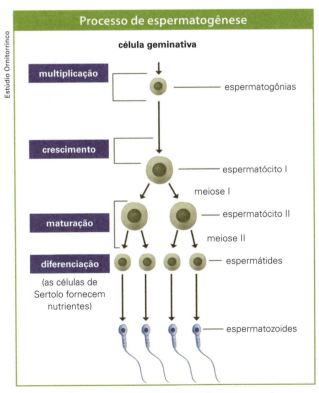

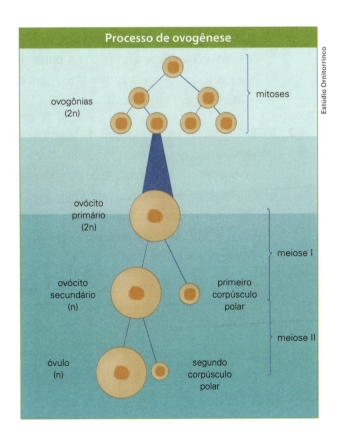

Esquemas dos processos da espermatogênese e ovogênese.

A reprodução dos organismos

Exercícios

1. (UEPG-PR) Assinale o que for correto com relação aos ciclos, mecanismos reprodutivos e embriogênese.

    01) A bipartição, mecanismo de reprodução sexuada, ocorre entre as angiospermas.

    02) Os poríferos e cnidários podem partir-se em dois ou mais pedaços e cada um desses pedaços pode regenerar a parte perdida (por meio de mitoses) e assim formar um outro indivíduo completo.

    04) Na reprodução sexuada, há a fase de meiose (origina células haploides com metade do número de cromossomos das demais células) e a fecundação, a qual possibilita a restauração do número diploide de cromossomos.

    08) A gametogênese ocorre nas gônadas, sendo que os espermatozoides são produzidos por espermatogênese nos testículos, e os óvulos são produzidos por ovulogênese (ou ovogênese) nos ovários femininos.

    16) Na reprodução assexuada, há a participação de apenas um indivíduo, sendo que os descendentes são formados a partir de sucessivas mitoses e originam seres geneticamente idênticos entre si.

2. (UFRRJ) Entre as várias espécies de lagartos do gênero *Cnemidophorus*, existem aquelas que são partenogenéticas, com populações compostas unicamente de fêmeas. Quando comparadas geneticamente com populações biparentais (aquelas com machos e fêmeas), esperamos encontrar:

    a) maior quantidade de variações nas populações partenogenéticas, porque são mais estáveis.

    b) a mesma quantidade de variação nas duas populações, pois a variação genética independe de cruzamentos.

    c) maiores variações genéticas nas populações biparentais, pois estas possibilitam maior probabilidade de combinações entre genes.

    d) maiores variações genéticas nas populações partenogenéticas, porque os cruzamentos em populações biparentais tendem a diluir as variações.

    e) a mesma quantidade de variação genética nas duas populações, pois a taxa de mutação nos genes de lagartos do mesmo gênero é constante.

3. (Vunesp-SP) Analise as oito informações seguintes, relacionadas com o processo reprodutivo.

    I. A união de duas células haploides para formar um indivíduo diploide caracteriza uma forma de reprodução dos seres vivos.

    II. O brotamento é uma forma de reprodução que favorece a diversidade genética dos seres vivos.

    III. Alguns organismos unicelulares reproduzem-se por meio de esporos.

    IV. Gametas são produzidos pela gametogênese, um processo que envolve a divisão meiótica.

    V. Brotamento e regeneração são processos pelos quais novos indivíduos são produzidos por meio de mitoses.

    VI. Fertilização é um processo que não ocorre em organismos monoicos.

    VII. A regeneração de um pedaço ou secção de um organismo, gerando um indivíduo completo, não pode ser considerada uma forma de reprodução.

    VIII. Gametas são produzidos a partir de células somáticas.

    a) Elabore um quadro com duas colunas. Relacione, em uma delas, os números, em algarismos romanos, correspondentes às afirmações corretas que dizem respeito à reprodução assexuada; na outra, os números correspondentes às afirmações corretas relacionadas à reprodução sexuada.

b) Qual é a maior vantagem evolutiva da reprodução sexuada? Que processo de divisão celular e que eventos nele ocorridos contribuem para que essa vantagem seja promovida?

4. (Fuvest-SP) Qual dos seguintes eventos ocorre no ciclo de vida de toda espécie com reprodução sexuada?

   a) Diferenciação celular durante o desenvolvimento embrionário.
   b) Formação de células reprodutivas dotadas de flagelos.
   c) Formação de testículos e de ovários.
   d) Fusão de núcleos celulares haploides.
   e) Cópula entre macho e fêmea.

5. (Uerj) As populações de um caramujo que pode se reproduzir tanto de modo assexuado quanto sexuado são frequentemente parasitadas por uma determinada espécie de verme. No início de um estudo de longo prazo, verificou-se que, entre os caramujos parasitados, foram selecionados aqueles que se reproduziam sexuadamente. Observou-se que, ao longo do tempo, novas populações do caramujo, livres dos parasitas, podem voltar a se reproduzir de modo assexuado por algumas gerações.

   Explique por que a reprodução sexuada foi inicialmente selecionada nos caramujos e, ainda, por que a volta à reprodução assexuada pode ser vantajosa para esses moluscos.

6. (PUC-SP) Analise os ciclos de vida a seguir:

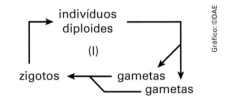

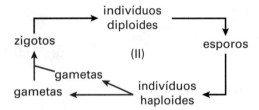

Com relação aos ciclos, é INCORRETO afirmar que

   a) no ciclo I ocorre meiose gamética.
   b) no ciclo II ocorre meiose espórica.
   c) nos ciclos I e II a formação dos indivíduos diploides a partir do zigoto ocorre por mitose.
   d) o ciclo II é apresentado por certas algas, plantas e pela maioria dos animais.
   e) o ciclo I é apresentado pela espécie humana.

7. (UFJF/Pism-MG) Existem dois ciclos reprodutivos nas mulheres: o ciclo menstrual e o ciclo ovariano. É essencial que ambos funcionem de maneira sincronizada e coordenada para que ocorra a reprodução. Tal sincronismo fica a cargo do sistema endócrino que liga os dois ciclos através de hormônios.

   a) Cite os dois hormônios produzidos pela adeno-hipófise que atuam no ciclo ovariano e descreva suas respectivas funções nesse ciclo.
   b) Onde são produzidos os hormônios estrógeno e progesterona? O que ocorre quando o nível desses hormônios diminui?

c) Quando os exames de gravidez detectam no sangue e/ou urina uma elevação do hormônio gonadotrófico coriônico humano (hCG), sabe-se que a mulher está grávida. Qual a ação desse hormônio para manutenção da gravidez?

8. (Cefet-MG) Analise a representação da sequência de eventos que ocorrem no aparelho reprodutor feminino humano.

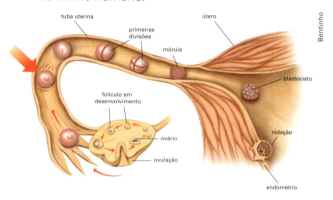

Caso **não** ocorra o fenômeno indicado pela seta, o destino do ovócito II é ser

a) degenerado na tuba uterina.
b) eliminado juntamente com a menstruação.
c) mantido na tuba, aguardando outra ejaculação.
d) retornado ao ovário para ser eliminado na outra ovulação.
e) aderido ao endométrio para ser posteriormente fecundado.

9. (UEM-PR) Sobre reprodução humana e doenças sexualmente transmissíveis, assinale a(s) alternativa(s) correta(s).

01) O hormônio folículo estimulante (FSH) é produzido no ovário e induz a atividade das gônadas e o desenvolvimento do endométrio.

02) O impulso sexual e o desenvolvimento das características sexuais secundárias são promovidos, na mulher, pelo estrógeno e, no homem, pela testosterona.

04) A pílula anticoncepcional contém certos hormônios hipofisários que inibem a produção normal de hormônios ovarianos.

08) A utilização da camisa de vênus não pode ser considerada como método anticoncepcional, e sim como preventivo contra doenças sexualmente transmissíveis.

16) Tricomoníase é uma doença sexualmente transmissível que não é causada por vírus e nem por bactérias.

10. (IFCE) As doenças que podem ser sexualmente transmitidas ainda são responsáveis por um alto índice de contaminação entre adolescentes e jovens adultos no país. Consideradas como um dos problemas de saúde pública mais comuns em todo o mundo, a maioria dessas doenças é causada por bactérias, protozoários, fungos e vírus. São doenças que podem ser sexualmente transmitidas, são virais e ainda não possuem cura comprovada cientificamente:

a) AIDS e sífilis.
b) candidíase e hepatite.
c) herpes e sífilis.
d) hepatite e gonorreia.
e) AIDS e herpes.

11. (IFCE) Um problema que tem aumentado consideravelmente, nos últimos anos, é a gravidez na adolescência. O uso e o conhecimento adequado de métodos contraceptivos pelos jovens podem reverter este quadro. Sobre os métodos contraceptivos, é incorreto afirmar-se que

a) para maior segurança nas relações sexuais, deve-se utilizar a camisinha masculina ou feminina, pois elas previnem a transmissão do vírus da AIDS e uma possível gravidez.
b) o DIU (dispositivo intrauterino) é um método contraceptivo que previne uma gravidez indesejada, mas não previne a transmissão de doenças sexualmente transmissíveis.
c) o diafragma é o método contraceptivo que deve ser utilizado com uma pomada ou gel espermicida.
d) o método da tabelinha é eficaz, se forem evitadas relações sexuais somente no dia da ovulação.
e) a pílula, método hormonal feminino, impede a ovulação.

DESENVOLVIMENTO ANIMAL

▶ DESENVOLVIMENTO EMBRIONÁRIO DOS ANIMAIS

O desenvolvimento embrionário animal depende da **diferenciação celular**, um processo que consiste em profundas alterações na fisiologia, na morfologia e nos mecanismos de integração das células à medida que se formam.

Em animais ovíparos e ovovivíparos, o desenvolvimento do embrião acontece dentro do ovo e depende do material nutritivo que este contém. Em animais vivíparos, o embrião cresce geralmente dentro do útero da fêmea e depende dela para se nutrir. Na maioria dos animais, as células formadas nas primeiras divisões dependem de uma reserva nutritiva, o **vitelo** ou **lécito**, presente no citoplasma do ovo. Conforme a quantidade e a distribuição de vitelo, os ovos podem ser classificados em:

Oligolécitos ou isolécitos – possuem pequena quantidade de vitelo distribuída de forma homogênea. São encontrados nos ouriço-do-mar, anfioxo, esponjas, cnidários e mamíferos.

Heterolécitos – possuem quantidades médias de vitelo, concentradas na porção inferior, formando o **polo vegetativo**; no **polo animal**, encontram-se o núcleo celular e a maior parte do citoplasma.

Telolécitos ou megalécitos – possuem muito vitelo, que ocupa quase todo o volume do ovo, o que faz o núcleo e as estruturas citoplasmáticas ficarem restritos ao **disco germinativo**. Ocorrem em alguns moluscos, peixes, anfíbios, répteis e aves.

Centrolécitos – apresentam grande quantidade de vitelo na região central do ovo, concentrando-se no citoplasma em torno do núcleo celular. São encontrados nos artrópodes.

As primeiras divisões mitóticas do ovo são denominadas **segmentação** ou **clivagem** e originam células menores, conhecidas como **blastômeros**. Uma célula se multiplica mais rapidamente quanto menor a sua quantidade de vitelo; assim, nos ovos heterolécitos, a segmentação é mais rápida no polo animal (onde se localizam o núcleo e o citoplasma) e mais lenta no polo vegetativo (onde se concentra a maior parte do vitelo), e nos ovos telolécitos a segmentação não chega a atingir o polo vegetativo do ovo. Em ovos oligolécitos e heterolécitos, o ovo divide-se inteiramente, apresentando **segmentação holoblástica**. Nos ovos telolécitos e centrolécitos, a segmentação é parcial, sendo denominada **segmentação meroblástica.** Em ovos oligolécitos, a segmentação holoblástica é denominada **igual**, pois produz blastômeros praticamente do mesmo tamanho.

Utilizando o anfioxo como exemplo para o desenvolvimento embrionário, vemos que, após as primeiras divisões, os blastômeros permanecem unidos, formando um aglomerado de células denominado **mórula**. Em seguida, os blastômeros se movimentam, formando uma cavidade central, a blastocele, que caracteriza o estágio de **blástula.** As divisões celulares, muito intensas durante a segmentação, diminuem de ritmo na fase seguinte, quando são formadas duas camadas de blastômeros justapostas: a externa, denominada **ectoderme**, e a interna, denominada **mesentoderme**. A cavidade que se forma nessa fase está revestida pela mesentoderme e é denominada **arquêntero**, e caracteriza o estágio de **gástrula**.

Após a gastrulação, a região dorsal do embrião se achata, formando a **placa neural**, e também ocorre a formação do **tubo neural**. Células da mesentoderme que constituem o teto do arquêntero sofrem uma série de alterações, gerando a **mesoderme**. A mesoderme desenvolve proeminências laterais que geram o **celoma**, uma cavidade delimitada pela mesoderme. A mesoderme também está relacionada à origem da notocorda. A parte restante da mesentoderme passa a ser denominada **endoderme**. Essa fase do desenvolvimento embrionário é chamada **nêurula**.

A partir dos três folhetos embrionários – ectoderme, mesoderme e endoderme – formam-se os tecidos e órgãos do embrião, em uma série de processos denominada **organogênese**. A ectoderme dá origem à epiderme, ao sistema nervoso, à glândula adeno-hipófise, ao cristalino dos olhos, ao esmalte dos dentes, aos gânglios e ao revestimento das porções anteriores e posteriores do tubo digestório. A mesoderme dá origem ao aparelho urogenital, ao tecido conjuntivo, à musculatura, ao pericárdio, à pleura e às vértebras. A endoderme dá origem ao sistema respiratório, ao sistema digestório, ao pâncreas e ao fígado.

Durante o desenvolvimento embrionário, o blastóporo pode dar origem à boca (organismos protostômios, como os platelmintos, nematelmintos, anelídeos, moluscos e artrópodes) ou ao ânus (organismos deuterostômios, como os equinodermos e cordados).

A maior parte dos animais apresenta três folhetos embrionários (ectoderme, mesoderme e endoderme) e são chamados de **triblásticos**. Apenas os grupos das esponjas e dos cnidários apresentam dois folhetos, a ectoderme e a endoderme, e são denominados **diblásticos**. Os animais triblásticos podem ser **celomados**, quando o celoma é limitado pela mesoderme (ocorre no anfioxo, ouriço-do-mar, vermes segmentados, como a minhoca, e todos os vertebrados); **pseudocelomados**, quando o celoma é delimitado, de um lado, pela mesoderme e, do outro, pela ectoderme ou endoderme (ocorre em vermes como a lombriga); e **acelomados**, quando não apresentam cavidade interna além do arquêntero (ocorre em vermes achatados como a planária).

Os anexos embrionários são estruturas formadas a partir dos folhetos embrionários e de membranas extraembrionárias que proporcionam nutrição e proteção ao embrião. Os animais apresentam diferentes anexos embrionários. O **saco vitelínico** está relacionado à nutrição do embrião. Já o **alantoide** armazena as substâncias tóxicas excretadas pelos rins do embrião. O **âmnio** é preenchido pelo líquido amniótico e protege o embrião de choques mecânicos e desidratação. O desenvolvimento embrionário em ambientes terrestres só se tornou possível depois que esses dois anexos surgiram na história evolutiva dos animais.

Outros anexos são o **cório**, que tem função protetora, principalmente contra a dessecação (perda de água); e o **alantocório**, que apresenta função respiratória. É por meio da placenta, típica de alguns mamíferos, que a mãe supre o embrião, pelo intercâmbio de substâncias entre o sangue da mãe e o do feto. O cordão umbilical é a estrutura que liga o embrião à placenta.

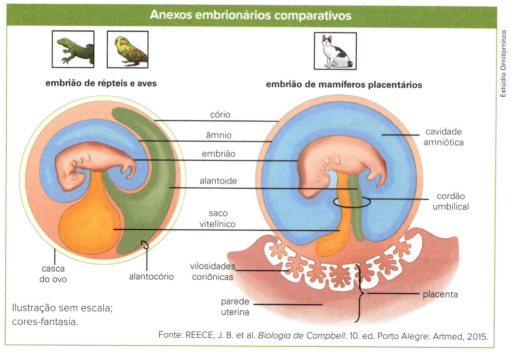

Esquema comparativo dos anexos embrionários de aves e répteis (ovíparos) e de mamíferos (vivíparos).

Ao nascer, o indivíduo pode ter aspecto semelhante ao dos indivíduos adultos da mesma espécie, como ocorre com répteis, aves e mamíferos. Essas espécies apresentam **desenvolvimento direto**. Nas espécies com **desenvolvimento indireto**, os indivíduos, ao nascer, são muito diferentes dos adultos da mesma espécie. Eles nascem na **fase larval** e passam por profundas transformações, a **metamorfose**, até chegar à fase adulta.

As células-tronco são capazes de se diferenciar e dar origem a diferentes tipos de células especializadas. A célula-tronco é chamada **totipotente** quando é capaz de dar origem a todos os tipos de célula do organismo, ou até mesmo a um novo organismo, como o zigoto. Os blastômeros, até o estágio de blástula, são células-tronco **pluripotentes**, pois podem formar todos os tipos de células com exceção das que produzem os anexos embrionários. O organismo adulto possui células-tronco que conservam certa capacidade de diferenciação, podendo, sob condições adequadas, originar alguns tipos de células, sendo chamadas **multipotentes**.

▶ DESENVOLVIMENTO EMBRIONÁRIO HUMANO

Na espécie humana, após a fertilização, o embrião movimenta-se em direção ao útero, conduzido por contrações da musculatura da tuba uterina e pelo batimento de cílios que a revestem. Ao longo desse percurso, ocorrem as primeiras clivagens e, cerca de 72 horas após a fertilização, o embrião, em estágio de mórula, chega ao útero. A **nidação** do embrião ocorre quando ele se aloja no endométrio. Cerca de duas semanas após a fecundação, são formadas as **vilosidades coriônicas**, que fixam o embrião no endométrio e formam cavidades cheias de sangue, constituindo a **placenta.**

Entre a quarta e a oitava semana ocorre a organogênese. Ao final da oitava semana, o embrião mede por volta de 3,0 cm e está com a maioria dos órgãos formada. Ao atingir a nona semana, a organogênese está completa e o embrião passa a ser chamado de **feto**. O período fetal (da nona semana até o nascimento) é marcado pelo amadurecimento dos órgãos e por rápido crescimento.

Quando o desenvolvimento fetal se completa, cerca de nove meses após a última menstruação, a mulher entra em trabalho de parto: iniciam-se as contrações uterinas; a bolsa amniótica se rompe, liberando o líquido amniótico; o canal vaginal dilata-se e o bebê é empurrado para fora do útero. A placenta se descola do útero, sendo eliminada através do canal vaginal.

Pode ocorrer o nascimento de gêmeos quando duas ou mais ovulações se derem em períodos muito próximos e cada ovócito for fertilizado por um espermatozoide diferente. Esses gêmeos são denominados **dizigóticos** (ou **fraternos**) e possuem cargas genéticas diferentes, podendo inclusive apresentar sexos opostos. O nascimento múltiplo também ocorre quando um único zigoto se separa em duas ou mais partes, após as primeiras clivagens, e cada uma das partes se desenvolve de maneira independente, gerando embriões diferentes. Os gêmeos formados dessa forma são chamados **monozigóticos** (ou **idênticos**) e possuem a mesma carga genética. Eles apresentam o mesmo sexo e são fisicamente semelhantes.

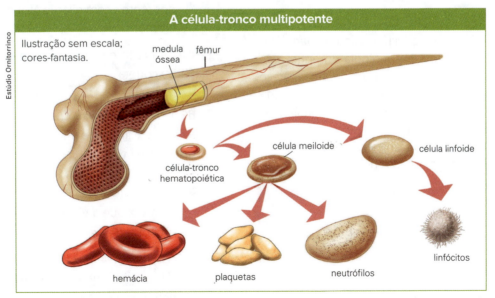

Um exemplo de célula-tronco multipotente é a hematopoiética, presente na medula óssea, capaz de gerar tipos de células sanguíneas.

Desenvolvimento animal

Exercícios

1. (PUC-SP) Dois irmãos se originaram de blastômeros provenientes de um mesmo zigoto. Pode-se afirmar que eles são gêmeos:
   a) univitelinos e, obrigatoriamente, do mesmo sexo.
   b) univitelinos, podendo ser de sexos diferentes.
   c) fraternos e, obrigatoriamente, do mesmo sexo.
   d) fraternos, podendo ser de sexos diferentes.
   e) fraternos e, obrigatoriamente, de sexos diferentes.

2. (UFU-MG) Um grupo animal apresenta ovos com segmentação holoblástica desigual, com divisões celulares mais rápidas no polo animal que no polo vegetal e com blastocele limitada à região do polo animal. Desse modo, é correto afirmar que esse grupo animal é representado por:
   a) camundongos e cães.
   b) estrelas-do-mar e anfioxo.
   c) tartarugas e serpentes.
   d) rãs e salamandras.

3. (Ulbra-RS) Entre a formação do zigoto e a formação dos dois primeiros blastômeros houve:
   a) fecundação.
   b) uma divisão mitótica.
   c) diferenciação celular.
   d) uma divisão meiótica.
   e) diferenciação de celoma.

4. (Fatec-SP) A sequência de eventos narrada a seguir refere-se à embriologia do anfioxo: "... À medida que as divisões continuam, aparece uma cavidade no interior do embrião denominada blastocela. As células vão se organizando ao redor da blastocela até que o embrião fica constituído por uma única camada de células, que delimita um espaço cheio de um líquido ..."

   O texto descreve a formação:
   a) da mórula.
   b) da blástula.
   c) da gástrula
   d) do blastóporo.
   e) do celoma.

5. (UFPR) Após a fecundação, o zigoto humano passa por um período de intensa proliferação celular, denominado clivagem, originando um concepto multicelular conhecido como blastocisto. Mais tarde, esse concepto sofrerá o processo de gastrulação e prosseguirá em diversas etapas de desenvolvimento, com uma duração média total de 38 semanas contadas a partir da fecundação.
   a) Em que locais do aparelho reprodutor feminino humano normalmente ocorrem a fecundação, a clivagem e a gastrulação?
   b) Que partes dos embriões humanos estão formadas ao final da gastrulação?
   c) A duração do desenvolvimento humano é de 38 semanas em média. Por que, clinicamente, são consideradas 40 semanas?

6. (Ufscar-SP) Os répteis possivelmente surgiram no final do período Carbonífero, a partir de um grupo de anfíbios, e tiveram grande diversificação na era Mesozoica. Com o surgimento da fecundação interna e do ovo adaptado ao ambiente terrestre, os répteis superaram a dependência da água para a reprodução.
   a) Por que a fecundação interna e o ovo adaptado ao ambiente terrestre tornaram a reprodução dos répteis independente da água?
   b) Quais adaptações ocorreram nos embriões dos répteis com relação à alimentação e excreção?

7. (UFC-CE) Leia o texto a seguir e assinale a alternativa correta.

   Um fóssil extremamente bem conservado, de 380 milhões de anos, achado no noroeste da Austrália, é agora o exemplo mais antigo de uma mãe grávida vivípara.

   Ciência Hoje, jul. 2008.

   a) O fóssil provavelmente é de um mamífero, uma vez que a viviparidade é característica exclusiva desse grupo.
   b) A presença de um saco vitelino no embrião fóssil seria uma característica segura para determinar o fóssil como vivíparo.

c) A conclusão de que o fóssil é de um animal vivíparo veio da observação de que o embrião estava se desenvolvendo dentro do corpo da mãe.
d) Uma das características que levariam à conclusão de que se tratava de um animal vivíparo seria a presença de um resquício de cordão umbilical.
e) O fóssil em questão poderia também ser de um animal ovovivíparo, pois, assim como os vivíparos, os ovovivíparos apresentam nutrição maternal durante o desenvolvimento embrionário.

8. (UFRJ) A gema do ovo de uma galinha é formada por uma única célula, o óvulo, caso não tenha sido fecundada pelo espermatozoide do galo. Nessa célula, a grande massa amarela corresponde à reserva nutritiva chamada vitelo. Por outro lado, um animal muito maior, como a vaca, produz óvulos microscópicos.

Explique por que, necessariamente, o óvulo da galinha é maior que o da vaca.

9. (UFJF/Pism-MG) Durante a gastrulação há uma reorganização significativa das células da blástula que originam os três folhetos embrionários. Faz parte dessa reorganização a formação do arquêntero, que dará origem a/ao:
a) blastocele.
b) mesoderme.
c) placenta.
d) lúmen do sistema digestório.
e) tubo neural.

10. (UFPR) Um biólogo mensurou a massa de componentes do ovo de um réptil durante seu desenvolvimento, desde o dia da postura até o momento da eclosão. Ao longo das medidas, o que se espera que tenha ocorrido, respectivamente, com a massa do embrião, do vitelo e do alantoide?
a) Aumento – redução – aumento.
b) Aumento – aumento – redução.
c) Aumento – redução – redução.
d) Redução – redução – aumento.
e) Redução – aumento – redução.

11. (UFJF/Pism-MG) Após a segmentação do zigoto, inicia-se a gastrulação, onde ocorre a formação dos folhetos germinativos ou embrionários, do arquêntero e do blastóporo. Uma gestante, cujo embrião encontrava-se nessa fase, sofreu irradiação com raios X, mas somente as células do ectoderma foram atingidas por tal irradiação. Quais tecidos ou órgãos poderiam sofrer alterações?
a) fígado e cérebro
b) cérebro e rins
c) tubo neural e epiderme
d) baço e músculos lisos
e) medula espinhal e pulmão

12. (PUC-RJ) Com relação ao desenvolvimento embrionário dos animais, NÃO é correto afirmar que
a) a diferença entre animais protostomados e deuterostomados diz respeito, no embrião, aos diferentes momentos de formação da boca e do ânus.
b) animais triploblásticos são aqueles que apresentam embriões com três folhetos embrionários.
c) a diferença entre animais diploblásticos e triploblásticos está no número de tecidos embrionários.
d) a ectoderme embrionária irá formar a epiderme; e a endoderme embrionária, a derme.
e) ectoderme, endoderme e mesoderme são tecidos embrionários.

13. (UPM-SP)

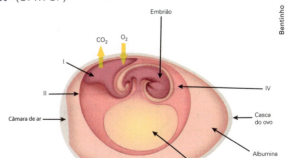

O desenho mostra um ovo terrestre de um réptil.

As setas I, II, III e IV correspondem, respectivamente, aos seguintes anexos embrionários:

a) alantoide, cório, saco vitelínico e âmnio.
b) alantoide, âmnio, saco vitelínico e cório.
c) cório, alantoide, âmnio e saco vitelínico.
d) saco vitelínico, alantoide, cório e âmnio.
e) âmnio, alantoide, cório e saco vitelínico.

14. (IFSC)

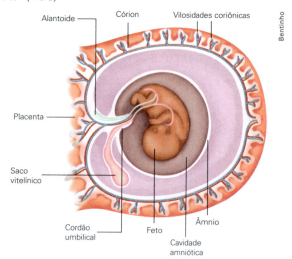

Anexos embrionários são estruturas que derivam dos folhetos germinativos do embrião, mas que não fazem parte do corpo desse embrião. Os anexos embrionários são: vesícula vitelina (saco vitelínico), cordão umbilical, âmnio (ou bolsa amniótica), cório e alantoide. Com base na figura acima e com relação à placenta e aos anexos embrionários, assinale a soma da(s) proposição(ões) CORRETA(S).

01) O cordão umbilical é um anexo embrionário exclusivo de mamíferos.

02) A placenta é um órgão constituído tanto de tecidos materno quanto fetais (cordão umbilical) que possuem a função de transportar nutrientes e oxigênio da circulação da mãe para o feto. O sangue da mãe se mistura com o do feto, uma vez que os vasos sanguíneos de ambos são contínuos.

04) O âmnio é uma membrana que envolve completamente o embrião, delimitando uma cavidade denominada cavidade amniótica. Essa cavidade contém o líquido amniótico, cujas funções são proteger o embrião contra choques mecânicos e dessecação.

08) O alantoide é uma bolsa contendo substâncias de reserva energética (vitelo), responsável pela nutrição do embrião. Nos mamíferos placentários, o alantoide possui pequenas dimensões, sendo a nutrição desempenhada pela placenta.

16) O cório é o anexo embrionário mais externo, presente em répteis, aves e mamíferos.

15. (IFSP) Um professor de Biologia, em uma aula sobre Sistema Reprodutor, explicou a formação de gêmeos univitelinos e fraternos, a partir do momento da fecundação.

Alguns alunos, após ouvirem as explicações, fizeram as seguintes afirmativas.

— Maria: os gêmeos univitelinos são geneticamente idênticos e possuem, entre outras características, o mesmo sexo.

— Cristina: os gêmeos fraternos, apesar de não serem geneticamente idênticos, compartilham a mesma placenta.

— Renato: gêmeos fraternos também podem ser chamados de dizigóticos, pois são resultantes da fecundação de dois óvulos por dois espermatozoides.

— Ivan: a formação de gêmeos univitelinos pode ser considerada um exemplo de clonagem por apresentar o desenvolvimento de dois embriões iguais entre si, porém diferentes do pai e da mãe.

Assinale a alternativa que indica os estudantes que fizeram as afirmativas corretas.

a) Maria e Renato, apenas.
b) Maria e Ivan, apenas.
c) Maria, Renato e Ivan, apenas.
d) Maria, Cristina e Renato, apenas.
e) Cristina e Ivan, apenas.

HISTOLOGIA ANIMAL

▸ TECIDO EPITELIAL

O **tecido epitelial** é formado por uma ou mais camadas de células dispostas lado a lado e unidas por vários tipos de junções celulares que deixam pouco ou nenhum espaço entre elas. Ele recobre toda a superfície do corpo e as cavidades internas dos órgãos. O tecido epitelial pode apresentar estruturas especializadas em produzir e secretar substâncias e são denominados **tecidos epiteliais glandulares**. Os outros epitélios são denominados **tecidos epiteliais de revestimento**, que podem ser formados por uma única camada de células ou por várias delas.

A pele humana apresenta uma camada externa, a epiderme, e uma interna, a derme. A **epiderme** é formada por epitélio estratificado de origem embrionária ectodérmica. Os queratinócitos são o principal tipo de célula da epiderme e se dividem por mitose constantemente, originando células que são empurradas para a superfície do corpo. Quando próximas à superfície, essas células sofrem queratinização e morrem, substituindo as que foram perdidas ou desgastadas. A camada mais interna, abaixo da epiderme, é a **derme**, formada de tecido conjuntivo de origem embrionária mesodérmica, irrigada por vasos sanguíneos e muito mais espessa que a epiderme. Há diversas estruturas que se originam na epiderme e aprofundam-se na derme, como as glândulas sudoríparas e sebáceas, as raízes dos pelos e dos cabelos.

▸ TECIDO CONJUNTIVO

O tecido conjuntivo conecta, protege e mantém reunidos os demais tecidos e órgãos do corpo. Ele apresenta grande quantidade de matriz extracelular. Existem diversos tipos de tecido conjuntivo.

O **tecido conjuntivo frouxo** contém muitas células com pouca matriz extracelular, dispostas de tal forma que o tecido se torna bastante flexível, podendo ser tracionado em diversas direções sem ser lesionado.

O **tecido conjuntivo denso** apresenta o colágeno como componente predominante da matriz extracelular. Ele é encontrado na derme.

Quando o tecido conjuntivo frouxo apresenta grupos de numerosas células com reserva de gordura, recebe o nome de **tecido conjuntivo adiposo**, que atua como isolante térmico e reserva alimentar.

O **tecido conjuntivo cartilaginoso** é um tecido sem vasos sanguíneos, cuja matriz extracelular é constituída principalmente de colágeno, fibras elásticas e sulfato de condroitina. Ele reveste as extremidades dos ossos que formam as articulações, protegendo-os do desgaste por fricção. É encontrado também na extremidade do nariz, orelha externa, traqueia e discos que suportam as vértebras.

A constituição do **tecido conjuntivo ósseo** apresenta matriz extracelular impregnada de sais de cálcio, magnésio e potássio. Depois de formados, os ossos se renovam constantemente devido à ação de suas células.

Os tecidos hematopoiéticos fabricam as células do sangue. A medula óssea é encontrada no interior dos ossos e gera diversos tipos de células sanguíneas. Conforme o envelhecimento, a medula óssea vermelha é a grande parte substituída por tecido gorduroso, tornando-se medula óssea amarela que não produz essas células.

Entre as células sanguíneas produzidas existem as hemácias, um tipo de célula anucleada com formato bicôncavo relacionada ao transporte de gases, e os leucócitos, um grupo de diversas células relacionados à defesa do organismo. As plaquetas, que também compõem o sangue, estão relacionadas à coagulação do sangue.

▶ TECIDO MUSCULAR

O tecido muscular é formado por células alongadas, chamadas **fibras musculares** ou **miócitos**, muito especializadas e capazes de alterar seu comprimento. Ao diminuírem de comprimento, em conjunto e ordenadamente, as fibras musculares produzem a **contração muscular**. O tecido muscular é classificado em três tipos:

Tecido muscular estriado esquelético é o que se conecta aos ossos e, quando se contrai, promove a movimentação deles. A contração dos músculos estriados esqueléticos é controlada voluntariamente. Quando acionadas, essas células ativam a contração das fibras musculares, que ocorre pelo deslizamento de filamentos de actina sobre os filamentos de miosina.

O **tecido muscular estriado cardíaco** compõe as paredes do coração. O músculo cardíaco, também chamado de **miocárdio** apresenta ação voluntária.

O **tecido muscular não estriado** ou **liso** não apresenta as estrias claras e escuras presentes no tecido muscular estriado. Ele constitui os músculos lisos presentes em grande variedade de estruturas do corpo, como as paredes dos vasos sanguíneos. Os músculos lisos apresentam contração lenta e prolongada e executam movimentos que são independentes da ação voluntária do organismo.

▶ TECIDO NERVOSO

A principal função do tecido nervoso é captar e processar informações sobre o ambiente externo e sobre as condições internas do organismo e emitir uma resposta. Ele se desenvolve a partir da ectoderme e é composto de dois tipos de célula, os **neurônios** e a **neuroglia**. Os neurônios são responsáveis pela transmissão da informação, enquanto as células da glia possuem várias funções, como sustentação e nutrição dos neurônios e defesa do tecido nervoso, podendo inclusive participar da atividade neuronal.

Neurônios são formados por **dendritos,** prolongamentos que recebem os estímulos do meio ambiente, encaminhando-os ao **corpo celular**, que os interpreta. O **axônio** apresenta numerosas ramificações na extremidade que transmitem informações a outros neurônios ou células. Os estímulos são transmitidos através de um sinal elétrico denominado **impulso nervoso**. Os locais de contato entre dois neurônios ou entre um neurônio e a célula efetora são as **sinapses**, que podem ser elétricas ou químicas, mediadas por neurotransmissores.

Os axônios são recobertos pela bainha de mielina, secretada pelas células de Schwann. Essa bainha permite uma condução mais rápida do impulso nervoso.

Exercícios

1. (Ufop-MG) Associe as duas colunas:
   I. tecido muscular
   II. tecido epitelial
   III. tecido conjuntivo

   a) Células justapostas, com pouca ou nenhuma presença de substância intersticial.
   b) Células alongadas, multinucleadas, com núcleos periféricos, derivadas embriologicamente do mesoderma.
   c) Grande variabilidade de células, entre elas os fibroblastos, responsáveis pela produção de colágeno.

   A associação correta é:
   a) I – a, II – b, III – c
   b) I – c, II – b, III – a
   c) I – c, II – a, III – b
   d) I – b, II – c, III – a
   e) I – b, II – a, III – c

2. (IFSP) Ao examinar cinco tipos de tecidos animais expostos, um aluno relacionou três características de um deles.
   I. Possuem várias unidades microscópicas formadas por camadas de minerais depositados ao redor de canais contendo vasos sanguíneos e nervos.
   II. Suas células ficam em uma matriz rica em fibras colágenas e fosfato de cálcio, dentre outros minerais.
   III. Células localizadas um pouco distantes umas das outras, por secretarem a matriz extracelular.

   Assinale a alternativa que identifica corretamente esse tecido.
   a) Ósseo.
   b) Cartilaginoso.
   c) Conjuntivo propriamente dito.
   d) Muscular.
   e) Nervoso.

3. (UFJF/Pism-MG) Os tecidos do corpo humano apresentam características diferentes que estão relacionadas com suas diversas funções. Assinale a alternativa que apresenta a associação INCORRETA entre o tecido e suas respectivas características:
   a) tecido epitelial da mucosa intestinal: apresenta uma única camada de células prismáticas com microvilosidades voltadas para o lúmen.
   b) tecido muscular estriado esquelético: formado por células multinucleadas responsáveis por movimentos voluntários.
   c) tecido conjuntivo sanguíneo: possui uma parte amorfa, o plasma, constituído principalmente por água.
   d) tecido conjuntivo cartilaginoso: possui fibras colágenas, vasos sanguíneos, mas não contém nervos.
   e) tecido nervoso: possui células da glia que são menores que os neurônios e estão associadas à produção da bainha de mielina.

4. (Cefet-MG) A taxa de multiplicação celular está diretamente relacionada com a propensão ao surgimento de problemas no controle da replicação, gerando diferentes tipos de câncer. Dessa forma, o tecido com maior chance de ocorrência dessa doença é o
   a) ósseo.
   b) epitelial.
   c) nervoso.
   d) muscular.
   e) sanguíneo.

5. (UEM/PAS-RJ) Os animais são formados por conjuntos de células que transmitem sinais, trocam substâncias entre si e exercem funções definidas, formando os tecidos. Sobre os tecidos que compõem os animais, assinale o que for correto.
   01) Os tecidos conjuntivos, como o tecido adiposo e os tecidos cartilaginoso e ósseo, são compostos de células não aderidas imersas em uma substância extracelular.
   02) Os fibroblastos, células mais abundantes do tecido conjuntivo, produzem as substâncias da matriz fundamental e são importantes na cicatrização.
   04) O sangue dos mamíferos é um tipo de tecido conjuntivo constituído pelos eritrócitos e pelos leucócitos, células nucleadas que contêm grande quantidade de mitocôndrias.
   08) A musculatura presente no estômago, nos intestinos e nos pulmões apresenta a mes-

Exercícios

ma estrutura dos tecidos musculares cardíaco e esquelético.

16) Os nervos dos vertebrados são feixes macroscópicos constituídos por milhares de axônios revestidos por uma bainha de mielina.

6. (UPE) Nos animais vertebrados, há quatro grandes grupos de tecidos: conjuntivo, muscular, nervoso e epitelial, representados pelas figuras a seguir:

Em relação aos tecidos e suas funções, foram elaboradas algumas afirmativas. Analise-as.

I. A figura I representa o tecido muscular que possui como uma de suas funções o amortecimento de impacto.

II. A figura II representa o tecido epitelial, que tem como função o revestimento da superfície externa e de diversas cavidades internas do organismo.

III. A figura III representa o tecido conjuntivo, que possui como função unir outros tecidos, dando-lhes sustentação.

IV. A figura IV representa o tecido nervoso, que tem como uma de suas funções, dar estrutura ao cérebro.

Está CORRETO, apenas, o que se afirma em

a) II e III.   c) II.   e) I, II e IV.
b) I, II e III.   d) III e IV.

7. (UEPB) Sobre o tecido nervoso são apresentadas as proposições a seguir.

I. O tecido nervoso é composto pelos neurônios, que são células especializadas na condução de impulsos nervosos, e pelos gliócitos, cuja função é envolver, proteger e nutrir os neurônios.

II. Quanto à função geral, os neurônios podem ser classificados em sensitivos, motores e associativos.

III. As sinapses nervosas geralmente ocorrem entre o axônio de um neurônio e o dendrito de outro, mas também podem ocorrer sinapses entre um axônio e um corpo celular, entre dois axônios ou entre um axônio e uma célula muscular.

Está(ão) correta(s) a(s) proposição(ões):

a) I e II, apenas.   d) II, apenas.
b) I, II e III.   e) II e III, apenas.
c) I, apenas.

8. (UPE) Os músculos esqueléticos dos vertebrados são compostos por dois tipos de fibras: I – as fibras lentas oxidativas ou vermelhas, e II – as fibras rápidas ou brancas. O tipo de atividade física exercida por uma pessoa pode, até um certo grau, alterar a proporção dessas fibras em seu corpo. De acordo com a modalidade esportiva e o tipo de treinamento, quais desses atletas olímpicos apresentam maior número de fibras lentas?

I. Corredor de 100 m
II. Maratonista (percorre 42 km)
III. Nadador de 1.500 m
IV. Levantador de peso
V. Atleta de salto

a) I e II   c) II e III   e) IV e V
b) I e III   d) III e IV

9. (UFTM-MG) A tabela mostra os resultados dos exames de sangue de três estudantes da UFTM.

Conteúdo sanguíneo	Valores de referência	Carlos	Sérgio	Camila
glóbulos vermelhos	3,9 – 5,6 milhões/mm^3	4,2	3,5	5,0
leucócitos	3,8 – 11,0 mil/mm^3	12,0	5,8	6,7
plaquetas	150 – 450 mil/mm^3	230	350	50

Em relação aos resultados, responda:

a) Qual estudante pode apresentar quadros hemorrágicos e qual pode desenvolver uma possível infecção, respectivamente?

b) Qual deles pode estar anêmico? Explique por que pessoas com anemia normalmente apresentam um quadro de cansaço físico.

Caderno de revisão

Suryara Bernardi

A DIVERSIDADE BIOLÓGICA

▶ A ORIGEM DA VIDA

A ideia de que a vida poderia surgir regularmente a partir da matéria bruta ficou conhecida como **teoria da geração espontânea** ou **abiogênese**. Já a ideia de que a vida se origina apenas de vida preexistente é a **biogênese**. Louis Pasteur (1822-1895) fez um importante experimento para comparar as duas hipóteses. Ele colocou soluções nutritivas dentro de frascos cujos gargalos eram, posteriormente, aquecidos sobre uma chama e curvados em "S", formando o "pescoço de cisne". Os frascos assim preparados eram aquecidos e as soluções mantidas em fervura por alguns minutos; em seguida, os frascos eram colocados para resfriar. Pasteur observou que nenhuma forma de vida se manifestou nas soluções, mesmo após muitos dias. Ele então quebrou o tubo em "S" dos frascos, deixando as soluções expostas ao ar não filtrado. Poucas horas depois, detectou a presença de microrganismos nas soluções. Esse experimento ajudou a corroborar a biogênese.

Ilustração sem escala; cores-fantasia.

O experimento de Pasteur. Em (A), a solução que contém os nutrientes é colocada no frasco; em (B), o gargalo é curvado em "S"; em (C), a solução é submetida à fervura.

John B. S. Haldane (1892-1964) e o russo Aleksandr I. Oparin (1894-1980), de forma independente, na década de 1920, propuseram a hipótese de que os primeiros seres vivos teriam surgido de moléculas orgânicas formadas na atmosfera e nos oceanos da Terra primitiva a partir de substâncias inorgânicas.

Atualmente, uma teoria aceita sobre a origem da vida propõe que a atmosfera primitiva da Terra era composta de metano (CH_4), amônia (NH_3), vapor de água (H_2O) e hidrogênio (H_2). Toda a água existente no planeta se encontrava no estado de vapor. Com o acúmulo de vapor de água na atmosfera, formaram-se nuvens e ocorreram chuvas, que caíam sobre rochas superaquecidas e isso provocava rápida evaporação da água. Elas eram acompanhadas de muitas descargas elétricas que, com as radiações ultravioleta do Sol, desencadearam reações químicas entre os componentes da atmosfera primitiva, que formaram moléculas mais complexas. Entre elas, muitas eram orgânicas.

Essas moléculas orgânicas acumularam-se durante milhões de anos nos oceanos, e moléculas complexas se agruparam em pequenas gotas nos mares e lagos, semelhantes a microesferas ou coacervados. Algumas delas se aproveitaram da energia das ligações químicas das moléculas orgânicas do meio para se desenvolver e se manter. Com o passar do tempo, surgiram heterótrofos que, ao se alimentarem do material orgânico do meio, utilizavam a fermentação para obter energia. Durante o processo fermentativo, eliminavam o gás carbônico, que passou a fazer parte da atmosfera. Alguns heterótrofos apresentaram a capacidade de se duplicar. Havia condições de sobrevivência das estruturas que conseguiam absorver energia luminosa do ambiente e gás carbônico acumulado na atmosfera para produzir seu próprio alimento. Foi esse, provavelmente, o primeiro autótrofo fotossintetizante. Além de produzir alimento, essa forma liberava gás oxigênio (O_2).

A crescente produção de gás oxigênio possibilitou a formação da camada de ozônio em altas camadas da atmosfera. Após milhões de anos de produção de oxigênio e formação de ozônio, a camada de ozônio passou a atuar como filtro da radiação ultravioleta proveniente do Sol. Assim estabeleceram-se as condições para a sobrevivência dos aeróbios. Alguns dos procedimentos dessa hipótese foram observados em laboratório.

A hipótese de que o primeiro ser vivo seria capaz de se nutrir de outras moléculas é chamada de **hipótese heterotrófica**. Alguns cientistas propõem a hipótese autotrófica, segundo a qual o primeiro ser vivo teria sido um autótrofo.

▶ CLASSIFICAÇÃO E NOMENCLATURA BIOLÓGICA

A **taxonomia** corresponde aos estudos que envolvem a classificação e a nomenclatura dos seres vivos. Os organismos são classificados, do grupo mais abrangente para o menos abrangente, em reino, filo, classe, ordem, família, gênero e espécie. Algumas classificações reúnem reinos em domínios. Cada espécie recebe um nome binomial, composto de um que representa o gênero (primeiro nome) e que define a espécie (segundo nome). Um nome (terceiro nome) pode ser acrescentado, com inicial minúscula, indicando a subespécie. Somente o primeiro nome deve possuir letra maiúscula, e todos devem ser escritos de forma destacada, em itálico, por exemplo.

Geralmente, considera-se espécie um grupo formado por todos os organismos capazes de reproduzirem-se naturalmente entre si e procriarem descendentes férteis. As espécies estão relacionadas de acordo com sua história evolutiva, o que é refletido pela filogenia. A partir disso, é possível construir cladogramas, representações gráficas das relações filogenéticas. Chamamos de **clado** o grupo de espécies e o ancestral comum delas.

Táxons	Nome	Exemplos
Reino	Animalia	
Filo	Chordata	
Classe	Mammalia	
Ordem	Carnívora	
Família	Felidae	
Gênero	*Felis*	
Espécie	*Felis catus*	

Ilustração sem escala; cores-fantasia.

Representação da hireraquia das principais categorias taxonômicas do sistema de classificação dos seres. As categorias filo e família foram incorporados ao sistema de classificação posteriormente.

A diversidade biológica

Exercícios

1. (UFU-MG) Observe a árvore filogenética adiante.

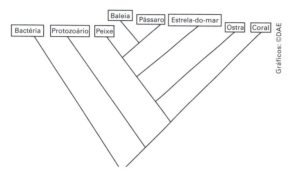

Espera-se encontrar maior semelhança entre os genes de:

a) baleia e pássaro.
b) bactéria e protozoário.
c) estrela-do-mar e ostra.
d) ostra e coral.

2. (IFCE) Para facilitar o estudo dos seres vivos, os cientistas subdividem os reinos em grupos menores: filo, classe, ordem, família, gênero e espécie. Os organismos pertencentes a um mesmo grupo possuem características que contemplam determinados critérios, devendo descender de um único ancestral comum. Sobre isso, é correto afirmar-se que

a) à medida que os subgrupos se aproximam da espécie, os critérios tornam-se cada vez mais gerais.
b) as aves que pertencem à mesma ordem apresentam características comuns, como fecundação externa e plumagem brilhante.
c) o gênero é uma subdivisão da família e compreende todos os animais que possuem coluna vertebral.
d) os fungos são seres procariontes unicelulares ou pluricelulares. Os cogumelos, as leveduras e os bolores são representantes do reino dos fungos.
e) os indivíduos que pertencem a uma mesma espécie possuem várias características em comum. Por exemplo, são capazes de se reproduzir entre si, gerando descendentes férteis.

3. (Unicamp-SP) Na antiguidade, alguns cientistas e pensadores famosos tinham um conceito curioso sobre a origem da vida e em alguns casos existiam até receitas para reproduzir esse processo. Os experimentos de Pasteur foram importantes para a mudança dos conceitos e hipóteses alternativas para o surgimento da vida. Evidências sobre a origem da vida sugerem que

a) a composição química da atmosfera influenciou o surgimento da vida.
b) os coacervados deram origem às moléculas orgânicas.
c) a teoria da abiogênese foi provada pelos experimentos de Pasteur.
d) o vitalismo é uma das bases da biogênese.

4. (UFRGS-RS) O gráfico abaixo apresenta a variação do nível de oxigênio na atmosfera em função do tempo.

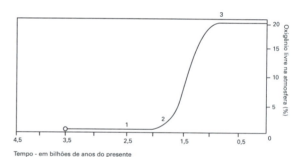

Adaptado de: DOTT, R., PHOTHERO, D. *Evolution of the earth.* New York: McGraw-Hill, 1994.

Sobre o gráfico e os eventos nele assinalados, é correto afirmar que

a) três bilhões de anos antes do presente não havia vida devido à escassez de oxigênio.
b) o evento **1** corresponde aos primórdios do surgimento da fotossíntese.
c) a respiração celular tornou-se possível quando os níveis de O_2 na atmosfera atingiram uma concentração próxima à atual.
d) o evento **2** refere-se à formação da camada de ozônio.
e) o evento **3** dá início à utilização da água como matéria-prima para a produção de oxigênio.

5. (UEM-PR) Sobre a origem da vida, segundo a Biologia, assinale a(s) alternativa(s) correta(s).

01) A vida na Terra teve início com o surgimento de uma bicamada fosfolipídica, que envolveu moléculas com capacidade de autoduplicação e metabolismo.

02) A panspermia sustenta que compostos orgânicos simples podem ter sido produzidos de maneira abiótica em vários pontos da Terra.

04) Um dos primeiros cientistas a formular ideias sobre a origem da vida foi Alexander Oparin, estudioso que produziu aminoácidos.

08) Atualmente a Ciência admite duas hipóteses sobre a origem da vida: a origem extraterrestre e a origem por evolução química.

16) A abiogênese foi contestada por Needham e Joblot por meio dos famosos caldos nutritivos preparados à base de carne.

6. (UPE) Leia o texto a seguir:

"... Com sua teoria dos micróbios como agentes causadores de doenças e seus preceitos antissépticos, suas vacinas e seu tratamento inovador contra a raiva (que salvou vidas que, do contrário, estariam perdidas), Pasteur não só revolucionou a medicina como se tornou um benfeitor da humanidade. Foi ele, ainda, o principal responsável pela refutação definitiva da teoria da geração espontânea..."

Fonte: Silva, Elias O. Conversando sobre Ciência. Ribeirão Preto: Sociedade Brasileira de Genética, 2013. 299p. Adaptado.

Assinale a alternativa que aponta qual experimento e sua respectiva conclusão foram responsáveis pela oposição e refutação da geração espontânea.

a) O experimento com balões do tipo pescoço de cisne mostrou que um líquido fervido mantém a "força vital". Nesse caso, as gotículas de água acumuladas nesse pescoço retêm os micróbios contidos no ar atmosférico que penetram no balão.

b) O experimento com balões do tipo pescoço de cisne mostrou que um líquido fervido perde a "força vital", pois quando o pescoço do balão é quebrado, após a fervura desse líquido, surgem seres vivos.

c) O experimento com balões de vidro fechados com rolhas mostrou que um líquido fervido está isolado do ar atmosférico. Nesse caso, um líquido fervido não perde a "força vital", sendo responsável pelo surgimento de novas formas vivas.

d) O experimento com balões de vidro hermeticamente fechados mostrou que um líquido fervido, por duas vezes, destrói a "força vital" e torna o ar desfavorável ao aparecimento de vida.

e) O experimento com balões de vidro com gargalos derretidos no fogo mostrou que um líquido fervido por muito tempo mantém a "força vital", reestabelecida pela entrada de ar fresco, mas torna o ar desfavorável ao aparecimento de vida.

7. (UEL-PR) De acordo com a hipótese heterotrófica, o primeiro ser vivo do planeta Terra obtinha energia para seu metabolismo por meio de um processo adequado às condições existentes na atmosfera primitiva.

Assinale a alternativa que apresenta, corretamente, a sequência ordenada dos processos energéticos, desde o surgimento do primeiro ser vivo do planeta.

a) Fotossíntese, respiração aeróbia e fermentação.
b) Respiração aeróbia, fermentação e fotossíntese.
c) Respiração aeróbia, fotossíntese e fermentação.
d) Fermentação, fotossíntese e respiração aeróbia.
e) Fermentação, respiração aeróbia e fotossíntese.

8. (Unicamp-SP) Com a ausência de oxigênio e uma atmosfera com característica redutora, os primeiros seres vivos desenvolveram um metabolismo exclusivamente anaeróbio. A transição para o processo aeróbio aconteceu entre 2,7 bilhões e 1,6 bilhão de anos atrás com o surgimento das primeiras algas azuis, as cianobactérias, capazes de utilizar a água como doador de elétrons e liberar oxigênio na atmosfera terrestre.

a) Cite um organismo que poderia ter existido há 3 bilhões de anos e uma possível fonte de energia para a manutenção do metabolismo desse organismo.

b) Explique as diferenças entre os tipos de respiração celular das espécies atualmente existentes.

VÍRUS, PROCARIONTES, PROTISTAS E FUNGOS

▶ VÍRUS

Vírus são formados por uma molécula de ácido nucleico (DNA ou RNA) envolvida por uma cápsula proteica, o capsídeo, e apresentam glicoproteínas que permitem reconhecer o hospedeiro. Diferentemente das células, os vírus nunca apresentam, ao mesmo tempo, os dois tipos de ácido nucleico. Existem, portanto, vírus de DNA e vírus de RNA (retrovírus).

Quando estão isolados, os vírus são inertes. Já no interior de células vivas, tornam-se ativos, pois utilizam os componentes dessas células para se reproduzirem, multiplicando-se em larga escala. Comportam-se como **parasitas intracelulares obrigatórios** e exclusivamente de células vivas.

Vírus bacteriófagos conseguem inserir seu DNA no da célula parasitada e utilizam o maquinário celular para produzir novos vírus, que lisam a célula infectada e se espalham. Vírus com RNA apresentam a enzima transcriptase reversa, que transforma o RNA em DNA, sendo este então utilizado para produzir novos RNAs virais.

Os vírus são causadores de diversas doenças, como aids, catapora, caxumba, dengue, ebola, febre amarela, *chikungunya*, *zika*, gripe e outras. Algumas dessas doenças podem ser prevenidas com vacinas.

▶ PROCARIONTES

Os domínios Archaea e Bacteria reúnem todos os seres procariontes: unicelulares cujas células são desprovidas de núcleo individualizado. Eles podem se organizar em uma estrutura denominada colônia, com diversas células ligadas. A parede celular dos procariontes é composta de uma combinação complexa de carboidratos e polipeptídeos.

O domínio Archaea agrupa procariontes que, em sua maioria, habitam ambientes de condições extremas (como de elevada temperatura), sendo, por isso, chamados também de **extremófilos**.

As bactérias são encontradas em quase todos os tipos de ambientes. Possuem uma membrana esquelética, conhecida como parede bacteriana, permeável e rígida, que protege e dá sustentação à célula. É constituída de peptideoglicano, uma combinação de aminoácidos e carboidratos modificados. Podem apresentar flagelos, cuja função é locomotora, e fímbrias, que estão relacionadas à capacidade de adesão da bactéria.

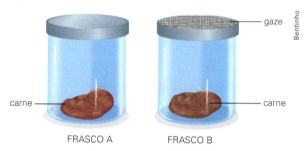

Representação de um procarionte.

Ilustração sem escala; cores-fantasia.

Quanto à nutrição, as bactérias podem ser divididas em autótrofas ou heterótrofas. As bactérias autótrofas produzem seus alimentos por fotossíntese ou quimiossíntese. As fotossintetizantes apresentam bacterioclorofila. A quimiossíntese é um processo de produção de matéria orgânica que ocorre graças à energia proveniente da oxidação de substâncias minerais. As bactérias heterótrofas, em geral, são decompositoras, isto é, alimentam-se da matéria orgânica que conseguem encontrar.

As bactérias se reproduzem principalmente por divisão binária, mas também apresentam processos que promovem recombinação gênica. Na **conjugação**, uma bactéria se une a outra por meio da fímbria sexual e transmite a cópia de uma fração de seu DNA diretamente a outra bactéria. Na **transformação**, uma bactéria absorve pedaços de DNA que estão livres no ambiente em seu entorno. Na **transdução**, um vírus serve de transmissor do material genético de um organismo para outro, como uma bactéria.

As cianobactérias já foram conhecidas como algas azuis e cianofíceas; elas são semelhantes às bactérias na organização celular (procariontes) e na parede celular. São seres autótrofos, tendo a clorofila do tipo A como pigmento fotossintetizante. Estão presentes em ambientes aquáticos e em troncos de árvores, rochas, pedras e solo úmidos.

As bactérias causam diversas doenças, como cólera, difteria, tétano, tuberculose e sífilis. Além disso, suas relações ecológicas são extremamente importantes para todos os organismos.

▶ PROTISTAS

Grupo com diversos organismos que não apresentam um ancestral comum recente (parafilético). Dividem-se em diversos subgrupos e apresentam grande diversidade.

Os protozoários são unicelulares e heterótrofos. Encontram-se em quase todos os ambientes. Os eucariotos unicelulares, conhecidos como rizópodes, têm a capacidade de emitir pseudópodes (expansões citoplasmáticas) para se locomover ou capturar alimento por fagocitose. Fazem parte desse grupo os foraminíferos, providos de carapaça externa formada por carbonato de cálcio, e as amebas.

Os flagelados, ou mastigóforas, são unicelulares eucariotos que usam os flagelos para se locomover. Podem ou não formar colônias e se reproduzem preferencialmente por divisão binária. Os protozoários desprovidos de estruturas locomotoras são os esporozoários. Todos eles são parasitas e se reproduzem assexuadamente por esporos.

Os protozoários que possuem cílios em grande quantidade são os ciliados. Os paramécios, como outros protozoários que vivem em ambiente de água doce, possuem vacúolo pulsátil (ou contrátil), cuja função é eliminar o excesso de água que penetra na célula por osmose. Sem essa estrutura, as células estourariam.

As doenças provocadas por protozoários são genericamente conhecidas por **protozooses**. Entre elas pode-se citar a amebíase, a giardíase, a leishmaniose e a doença de chagas, causada pelo *Trypanosoma cruzi* e que tem o barbeiro como vetor (organismo que transmite o causador da doença). A malária é causada por protozoários do gênero *Plasmodium* e tem as fêmeas de mosquitos do gênero *Anopheles* como vetor.

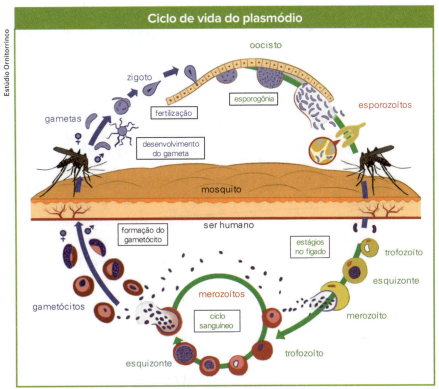

Esquema do ciclo de vida do *Plasmodium*. O mosquito é o hospedeiro definitivo, pois abriga a reprodução sexuada do parasita; o ser humano é o hospedeiro intermediário, onde ocorre a reprodução assexuada.

Ilustração sem escala; cores-fantasia.

Vírus, procariontes, protistas e fungos

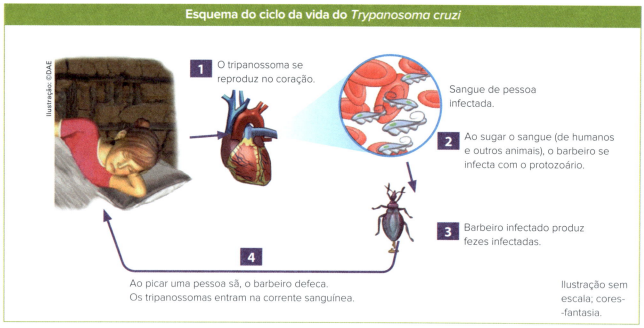

Esquema do ciclo de vida simplificado do *Trypanosoma cruzi*, causador da doença de Chagas.

O termo "algas" se refere a um grupo formado por espécies na maioria aquáticas, todas autótrofas clorofiladas, eucariontes, unicelulares ou pluricelulares. O fitoplâncton compreende o conjunto de organismos autótrofos, principalmente algas, em geral microscópicos, que vivem em suspensão na água, carregados passivamente pelas correntes. As algas são divididas em diversos grupos: euglenofíceas, pirrofíceas, crisofíceas, clorofíceas, feofíceas e rodofíceas.

▸ FUNGOS

Fungos são organismos que decompõem os compostos orgânicos do ambiente, um processo que permite a reciclagem da matéria para o mundo vivo. Conseguem se desenvolver em praticamente todos os ambientes onde haja água e matéria orgânica.

A parede celular das células dos fungos é constituída por quitina, um carboidrato. Possuem glicogênio como substância de reserva, podem ser unicelulares ou multicelulares e caracterizam-se pela nutrição exclusivamente heterotrófica e extracelular.

São formados por filamentos microscópicos, denominados hifas. A massa de hifas entrelaçadas recebe o nome de **micélio**. Em alguns fungos, parte do micélio, conhecida como **corpo vegetativo**, cresce imersa no material do qual se alimenta; e a outra parte, chamada de **corpo de frutificação**, produz esporos, responsáveis pela reprodução e dispersão das espécies. O corpo vegetativo é responsável pela nutrição, pois são as suas hifas que secretam as enzimas e absorvem o material previamente digerido.

A maioria dos fungos se reproduz por esporos, que podem ser sexuados (produzidos por meiose) ou assexuados (produzidos por mitose). São agrupados em quitrídios, zigomicetos, ascomicetos, basidiomicetos e deuteromicetos.

Certos fungos se associam mutualisticamente a algas verdes ou cianobactérias e formam os liquens, organismos pioneiros porque costumam ser os primeiros a se instalar em locais inóspitos. Nos liquens, as células das algas produzem nutrientes por meio da fotossíntese. Esses nutrientes, bem como os minerais e a água, são absorvidos por hifas fúngicas que rodeiam as algas e penetram nelas. As micorrizas são fungos que se associam mutualisticamente a raízes de plantas, aumentando a superfície de absorção e, recebendo, em troca, o alimento necessário.

Fungos são responsáveis por doenças como sapinho e micoses.

Exercícios

1. (Fuvest-SP) Um biólogo está analisando a reprodução de uma população de bactérias, que se iniciou com 100 indivíduos. Admite-se que a taxa de mortalidade das bactérias é nula. Os resultados obtidos, na primeira hora, são:

Tempo decorrido (minutos)	Número de bactérias
0	100
20	200
40	400
60	800

Supondo-se que as condições de reprodução continuem válidas nas horas que se seguem, após 4 horas do início do experimento, a população de bactérias será de:

a) 51 200

b) 102 400

c) 409 600

d) 819 200

e) 1 638 400

2. (UFG-GO) Os protozoários são organismos unicelulares e predominantemente heterotróficos, com maioria de vida aquática e apresentam diversificadas relações com os demais seres vivos. Esses organismos, embora unicelulares, são complexos, pois desempenham todas as funções de animais pluricelulares, como a respiração, a alimentação e a reprodução. Em uma experiência laboratorial, protozoários coletados em uma represa foram colocados num recipiente com água do mar. Dessa forma, explique:

a) o que acontecerá a esses protozoários;

b) o mecanismo celular relacionado a essa experiência.

3. (UPM-SP) "Planta encontrada no sapato de suspeito". Esse foi o título de uma reportagem publicada em um jornal. O texto dizia que o sapato foi levado a um especialista do Instituto de Botânica, que identificou a amostra como sendo uma alga clorofícea (verde). Atualmente as algas não são consideradas plantas verdadeiras porque

a) não possuem organelas membranosas em suas células.

b) não possuem os mesmos pigmentos que as plantas.

c) não apresentam tecidos especializados.

d) não usam água como matéria-prima para a fotossíntese.

e) não possuem flores.

4. (PUC-RJ)

"A malária é reconhecida como grave problema de saúde pública no mundo, ocorrendo em quase 50% da população, em mais de 109 países e territórios. Sua estimativa é de 300 milhões de novos casos e 1 milhão de mortes por ano, principalmente em crianças menores de 5 anos e mulheres grávidas do continente africano. A região amazônica é considerada a área endêmica do país para malária. A maioria dos casos ocorre em áreas rurais, mas há registro da doença também em áreas urbanas (cerca de 15%)".

Fonte: <http://portal.saude.gov.br>.

Entre as medidas propostas pelo Ministério da Saúde para prevenir a doença acima noticiada, estão:

a) usar mosquiteiros e repelentes, fazer obras de saneamento, controlar a vegetação de corpos-d'água.

b) usar inseticidas e substituir casas de pau a pique por casas de alvenaria.

c) promover vacinação coletiva e usar inseticidas.

d) evitar o contato com pessoas infectadas.

e) evitar o consumo de alimentos crus e lavar as mãos sempre que entrar em contato com animais.

5. (UPE) Muitos fungos são utilizados na produção de bebidas e no preparo de alimentos. O gênero *Saccharomyces*, por exemplo, compreende inúmeras espécies, sendo uma das principais a levedura de cerveja. Sabe-se que o levedo de cerveja é um fermento inativo, resultante do processo de fermentação da cevada durante a produção de cerveja. É uma das fontes naturais de vitaminas do complexo B, de proteínas, fibras e vitaminas.

Tendo em vista o tema apresentado anteriormente analise as proposições abaixo:

I. O termo levedura é usado para nomear espécies de fungos unicelulares.

II. A *Saccharomyces cerevisiae* é capaz de realizar fermentação alcoólica na presença de oxigênio, degradando o açúcar em álcool etílico e gás carbônico.

III. Leveduras se reproduzem assexuadamente por brotamento, em que ocorre uma projeção, separando-se depois da célula-mãe e originando um novo indivíduo.

IV. Leveduras são representantes dos zigomicetos que reúnem o maior número de espécies entre os fungos.

Somente está correto o que se afirma em:

a) I e II.
b) I e III.
c) I e IV.
d) II e III.
e) II e IV.

6. (Uece) Durante muito tempo, os fungos foram considerados vegetais, mas hoje são considerados um reino à parte, pois apresentam um conjunto de características próprias: não sintetizam clorofila, em sua grande maioria não possuem celulose e não armazenam amido como substância de reserva. Com relação aos fungos, considere as afirmações a seguir.

I. As leveduras são capazes de fermentar carboidratos e, portanto, são indispensáveis à indústria de bebidas alcoólicas na produção de cerveja, vinho e vodka.

II. Fungos patogênicos são os principais causadores de doenças de pele em pacientes imunodeprimidos, como, por exemplo, portadores do vírus HIV.

III. Aflatoxinas são metabólitos secundários produzidos por alguns fungos relacionados ao desenvolvimento de câncer hepático em pessoas.

É correto o que se afirma em:

a) I e II, apenas.
b) II e III, apenas.
c) I e III, apenas.
d) I, II e III.

7. (UFPB) Em um experimento, células de levedura foram cultivadas em meio de cultura cuja única fonte de carbono fornecida foi a sacarose. Considerando essa condição e o fato de a sacarose não atravessar a membrana citoplasmática das células de levedura, é correto afirmar que esses organismos podem se desenvolver em tal meio, porque:

a) são quimiolitoautotróficos.
b) realizam inicialmente a digestão extracelular da sacarose.
c) são unicelulares eucariontes.
d) realizam respiração celular aeróbica e acumulam glicogênio como reserva energética.
e) possuem parede celular de quitina.

8. (UFSM-RS) Observe a figura:

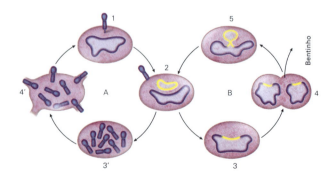

Fonte: Amabis, José M.: Gilberto R. Biologia 2 – Biologia dos Organismos. São Paulo: Moderna, 2009. p. 59 (adaptado)

Um dos grandes empecilhos no desenvolvimento de drogas para o combate às doenças virais é a variedade de mecanismos de infecção, integração e replicação dos vírus. Os vírus são adaptados a tipos celulares e a hospedeiros específicos. A figura representa dois tipos de ciclos de vida de vírus (ciclos A e B).

A partir da figura, é correto afirmar:

a) No ciclo apresentado em "A", ocorre, após a produção de unidades virais na célula hospedeira (3'), a lise dessa célula (4') e a liberação de novos vírions.

b) No ciclo apresentado em "A", o DNA viral não é liberado para o ambiente após a replicação.

c) No ciclo apresentado em "B", o material genético do vírus é injetado na célula (2), integra-se ao DNA do hospedeiro (3), porém é replicado separadamente, originando vírions.

d) No ciclo apresentado em "B", o material genético do vírus integra-se ao DNA do hospedeiro (3), porém não ocorre a replicação dos seus genes, sendo o vírus inofensivo.

e) No ciclo "A", os vírions produzidos (4') são incapazes de infectar novas células e, no ciclo "B", os vírus são incapazes de replicar seu material genético.

9. (PUC-PR) Em outubro de 2010, a Anvisa, após alguns hospitais brasileiros sofrerem com um surto da bactéria "KPC", resolveu proibir a venda de antibióticos sem receita médica pelas farmácias. Com a nova regra, a receita médica para antibióticos ficará retida na farmácia junto com os dados do comprador. A validade da receita é de 10 dias, o que obriga o paciente a procurar novamente o médico em casos de persistência da doença. Um dos objetivos da regra é mudar o hábito do brasileiro de se automedicar, uma vez que o uso indiscriminado de antibióticos pode provocar

a) a resistência microbiana, a qual pode tornar a bactéria resistente ao medicamento, uma vez que o uso indiscriminado de antibióticos pode induzir novas formas de bactérias.

b) a aquisição de resistência por indução de componentes antimicrobianos; com isso, as bactérias geram cepas capazes de suportar os antibióticos.

c) a resistência microbiana desencadeada pela indução de formas genéticas modificadas pela troca de pequenos plasmídeos (plasmídeo R) encarregados de levarem consigo genes que permitem a resistência antimicrobiana.

d) a necessidade de mudança por parte da população bacteriana, que se torna resistente por alterações genéticas impostas pelo uso dos antibióticos.

e) a redução da eficácia dos antibióticos devido à seleção de organismos resistentes.

10. (Uece) Leia atentamente as afirmações abaixo.

I. O fitoplâncton é formado exclusivamente por macroalgas de diversas espécies, que flutuam livremente ao sabor das ondas e funcionam como importantes produtoras de matéria orgânica e de oxigênio.

II. As algas pardas possuem os seguintes tipos de talo: filamentoso, pseudoparenquimatoso e parenquimatoso, sendo representadas somente por espécies pluricelulares.

III. As algas verdes possuem clorofila a e b além de outros pigmentos tais como carotenos e xantofilas.

Está correto o que se afirma somente em

a) I.
b) II.
c) I e III.
d) II e III.

PLANTAS

▶ DIVERSIDADE VEGETAL

Os vegetais são seres pluricelulares, eucariontes e autótrofos fotossintetizantes. Todos os vegetais são classificados no domínio Eukarya e reino Plantae, apresentando tecidos verdadeiros, com células especializadas; produzem embriões multicelulares nutridos e protegidos pela planta que os originou e apresentam ciclo de vida com alternância de gerações, no qual indivíduos multicelulares distintos – gametófitos, que produzem gametas, e esporófitos, que produzem esporos – se alternam. Gametófitos e esporófitos também podem diferir quanto à ploidia.

A maioria das plantas tem um extenso sistema vascular formado por tecido de células unidas entre si, constituindo tubos que conduzem água e nutrientes por todo o corpo. Os grupos que possuem esse sistema, as **plantas vasculares**, são as licófitas, pteridófitas, gimnospermas e angiospermas. Nas **plantas avasculares**, conhecidas como briófitas, esse sistema pode ser ausente, como nas hepáticas, ou muito rudimentar, como nos musgos e nos antóceros.

As briófitas são organismos pequenos que realizam transporte de água por osmose e são restritas a ambientes úmidos. Não apresentam órgãos completos, mas tecidos que desempenham as funções desses órgãos. O **rizoide** é um tecido que desempenha as funções das raízes (fixação e absorção), o **cauloide**, as do caule (sustentação), e o **filoide** é tecido fotossintetizante similar à folha. O gametófito é a fase dominante do ciclo de vida. A reprodução é dependente de água, já que o anterozoide (gameta masculino) é transportado por esse líquido. O esporófito cresce sobre o gametófito e é haploide.

As pteridófitas, como as samambaias e as avencas, possuem vasos condutores. Nelas, o gametófito, conhecido por **protalo**, é menos desenvolvido e duradouro que o esporófito e autótrofo. O esporófito é a fase diploide. A reprodução é dependente de água, já que o anterozoide é transportado por esse líquido. As samambaias apresentam soros, estruturas nas folhas que liberam esporos.

As gimnospermas formam sementes nuas, ou seja, sem frutos, formadas pelo desenvolvimento do óvulo fecundado. Como exemplos, podemos citar pinheiros, sequoias e abetos. Apresentam estróbilos, uma parte modificada do ramo. Os estróbilos masculinos são pequenos e chamados microstróbilos, enquanto os femininos, por serem grandes, são denominados megastróbilos e vulgarmente conhecidos por **pinha**.

A polinização das gimnospermas é realizada pelo vento. O grão de pólen é dotado de expansões laterais em forma de asa e, atingindo as proximidades do óvulo, penetra pela micrópila e desenvolve o tubo polínico. O tubo polínico carrega dois gametas masculinos, na forma de núcleos celulares, denominados núcleos espermáticos ou núcleos gaméticos masculinos. O tubo polínico se abre quando alcança a oosfera, liberando os núcleos espermáticos. Um deles se une à oosfera (gameta feminino), fecundando-a, e o outro se degenera. Esse tipo de fecundação, por meio de tubo polínico, é conhecido por **sifonogamia**.

Após a fecundação, o zigoto (2n) cresce, nutrindo-se do saco embrionário (n), formando o embrião (2n). O embrião permanece mergulhado no saco embrionário, denominado endosperma primário, que assume a função de reserva alimentar do embrião.

A estrutura formada pelos tegumentos, endosperma e embrião constitui a semente das gimnospermas. Na germinação da semente, em condições adequadas, o embrião se desenvolve à custa do endosperma primário, estimulado por fatores externos, dando origem a uma nova planta. Assim, a reprodução é independente de água. Nessas plantas, o esporófito é a fase diploide, predominante e é muito maior que o gametófito.

As angiospermas são plantas que apresentam flores e frutos, cujas sementes encontram-se no interior do fruto. Após a fecundação, o óvulo dá origem à semente e o ovário, ao fruto.

O estame (microsporófilo) apresenta duas partes: o filete e a antera. A antera possui sacos polínicos (microsporângios), onde se formam os grãos de pólen. O conjunto de estames é denominado **androceu**, que corresponde aos órgãos masculinos da flor. O carpelo (megasporófilo) dobra-se, fundindo os seus bordos, formando o pistilo. O pistilo apresenta estigma, estilete e uma dilatação na base, o ovário, onde se alojam os óvulos. O ovário maduro apresenta dois tegumentos: a micrópila, abertura por onde ocorre a fecundação, e o saco embrionário (megasporângio ou nucelo), muito simples, contendo a oosfera (n) e dois núcleos centrais, conhecidos por núcleos polares (haploides). É denominado **gineceu** o conjunto de pistilos, que corresponde aos órgãos femininos da flor. O gineceu e o androceu encontram-se rodeados pelo envoltório foliar, conhecido por perianto. O perianto é formado pelo cálice e pela corola. Cálice é o conjunto das sépalas e a corola, das pétalas.

A polinização consiste na transferência do grão de pólen da antera para o estigma. Ela pode ser feita por diversos fatores, como vento, água, insetos e aves. No interior do tubo polínico, há três núcleos haploides: dois são os gametas (núcleos espermáticos) e um, localizado na extremidade do tubo, o núcleo do tubo. A função do núcleo do tubo é coordenar o crescimento do tubo. Atingindo o óvulo, o tubo polínico libera os dois núcleos espermáticos. Um deles fecunda a oosfera, formando o zigoto, que dará origem ao embrião.

O outro se reúne aos dois núcleos polares, formando um núcleo triploide. O saco embrionário, após a fecundação, passa a ser denominado endosperma secundário, porque é triploide e tem a função de reserva alimentar do embrião. A fecundação é do tipo sifonogamia e dupla. É dupla porque os dois núcleos espermáticos fundem-se a outros núcleos do saco embrionário (núcleos polares e o núcleo da oosfera). O embrião desenvolve-se dentro de uma estrutura, agora chamada de semente, transferindo parte das reservas alimentares do endosperma secundário para algumas de suas folhas. Tais folhas são conhecidas por folhas cotiledonares ou cotilédones. A semente libera-se da planta-mãe e se dispersa no ambiente. Encontrando condições favoráveis de umidade, temperatura e arejamento, o embrião continua seu desenvolvimento e a semente germina, dando origem a uma nova planta.

De acordo com o número de cotilédones, as angiospermas podem ser agrupadas em **monocotiledôneas** (gramíneas, orquídeas, palmeiras), **eudicotiledôneas** (leguminosas, abacateiro) e em uma série de grupos que são chamados, informalmente, de **angiospermas basais.** As monocotiledôneas apresentam um cotilédone, nervação foliar paralela, raízes fasciculadas e flores trímeras. Já as eudicotiledôneas apresentam dois cotilédones, nervação foliar ramificada, raiz pivotante e flores tetrâmeras ou pentâmeras.

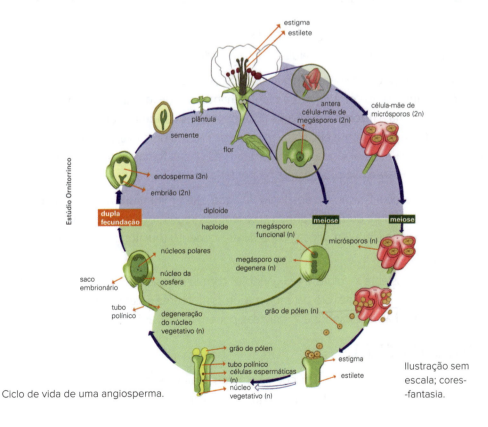

Ciclo de vida de uma angiosperma.

Ilustração sem escala; cores-fantasia.

Os frutos verdadeiros se originam do desenvolvimento do ovário, mas há frutos que fogem a essa regra e são chamados de **pseudofrutos**, como é o caso da maçã. Os frutos **partenocárpicos** se originam a partir de ovários cujos óvulos não se desenvolveram e, portanto, não foram fecundados.

▶ TECIDOS E ÓRGÃOS VEGETAIS

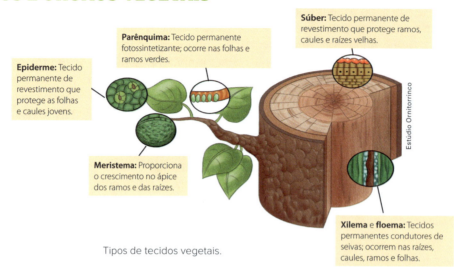

Tipos de tecidos vegetais.

Ilustração sem escala; cores-fantasia.

O meristema é chamado primário quando as suas células se originam diretamente das células do embrião. Os meristemas primários são encontrados nas regiões apicais da raiz e do caule (meristemas apicais), nas gemas axilares e nos primórdios foliares. Já os tecidos permanentes são aqueles encontrados nas plantas adultas. Entre elas há tecidos com função de revestimento, como a epiderme e o súber.

Encontramos na epiderme da parte aérea das plantas pares de células conhecidas por **estômatos**, constituídos por **células-guarda** (células estomáticas ou células oclusivas), que deixam um espaço aberto entre si, denominado **ostíolo**. O ostíolo é uma abertura que permite a comunicação entre as células do interior da folha e o ambiente. Através dele, o CO_2 chega até o parênquima fotossintetizante, ao mesmo tempo que, por ele, a planta perde água, na forma de vapor, e elimina o O_2 produzido na fotossíntese. O ostíolo abre-se quando as células-guarda tornam-se túrgidas e se fecha quando as células-guarda perdem água.

A epiderme das plantas pode apresentar especializações, como os pelos absorventes da raiz. Tecidos como o colênquima e o esclerênquima dão certa rigidez à planta, mantêm a sua forma típica e permitem a realização das suas atividades básicas. **Xilema** e **floema** são os dois tipos de tecidos condutores, responsáveis pela circulação das seivas nos vegetais. O xilema geralmente encontra-se na parte interna do caule, apresenta várias células mortas e lignificadas e transporta seiva mineral (água + sais minerais) da raiz às folhas. O floema transporta seiva orgânica (água + açúcares) das folhas para a raiz e localiza-se na periferia do caule.

A raiz é o órgão destinado à fixação e à absorção de água e sais minerais. Origina-se da radícula do embrião. Externamente, a raiz de uma planta eudicotiledônea apresenta as seguintes regiões: zona de ramificação, de onde saem raízes secundárias, zona pilífera (ou pilosa), zona de crescimento (ou alongamento) e coifa, parte mais dura que auxilia na penetração no solo.

O caule é o órgão que sustenta as folhas, interligando-as com as raízes e pode ser fotossintetizante. A folha é um órgão geralmente dotado de clorofila. É rica em parênquima fotossintetizante e, nas nervuras, apresenta xilema e floema. Algumas folhas, como as gavinhas, os espinhos e as brácteas, podem modificar-se, assumindo outras funções.

▶ FISIOLOGIA VEGETAL

A água absorvida por pelos absorventes difunde-se por dois caminhos até atingir o xilema. A maior parte da água chega ao xilema passando do pelo absorvente ao parênquima cortical (córtex), à endoderme, ao periciclo e, finalmente, ao xilema. Uma pequena quantidade de água se difunde pelos espaços entre as células até a endoderme e, a partir daí, passa a se deslocar pelo interior das células do periciclo, graças às estrias de Caspary, e chega ao xilema.

A água se movimenta por osmose, do pelo absorvente até o xilema. A corrente de água que se forma é suficiente para encher o xilema e gerar uma pressão, conhecida por **pressão positiva da raiz**, que impulsiona a água, do interior do xilema, para cima. A ideia mais aceita para explicar o deslocamento da seiva mineral pelo xilema é a **teoria da tensão-coesão**. Segundo essa teoria, a água forma uma coluna contínua no interior do xilema, que se estende da raiz até a folha. Essa coluna, com diâmetro microscópico, apresenta muitas moléculas de água conectadas por ligações de hidrogênio. Desse modo, a folha, ao perder água por transpiração, "puxa" água do xilema (sucção), fazendo com que toda a coluna de água se eleve.

Transpiração consiste na evaporação que acontece na superfície do corpo dos seres vivos. Quanto maior é a temperatura e a ventilação do ambiente, maior é a transpiração; e quanto maior é a umidade do ar, menor é a transpiração. A transpiração é muito reduzida em caules e folhas devido à presença da cutícula (na epiderme) e do súber (em caules). Os estômatos da epiderme das folhas, por meio da regulagem da abertura dos seus ostíolos, são as principais estruturas controladoras da transpiração das plantas. Seu funcionamento é influenciado pela concentração de CO_2 do ambiente, intensidade luminosa e disponibilidade de água no solo.

A taxa de fotossíntese de uma planta está sujeita às seguintes influências: disponibilidade de água; concentração de CO_2; intensidade luminosa; e temperatura. Quanto mais desses fatores, maior será a taxa fotossintética, até se atingir um limite.

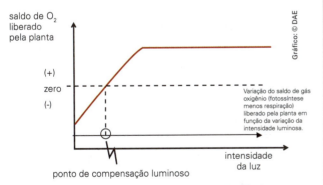

A intensidade de luz aumenta a taxa de fotossíntese até se atingir uma velocidade máxima. O ponto em que a intensidade luminosa faz com que as taxas de respiração e de fotossíntese de uma planta sejam iguais é o ponto de compensação luminoso.

Existem dois tipos de movimentos vegetais. **Nastismos** são movimentos da planta em resposta a estímulo ambiental, mas cuja direção não é orientada pela fonte de estímulo, e sim por características da própria planta. **Tropismos** consistem nos movimentos em resposta a estímulos externos orientados pela fonte do estímulo. Dizemos que a resposta é positiva quando a planta cresce ou se movimenta em direção à fonte do estímulo, e negativa quando se distancia dela. Os tropismos são classificados segundo o tipo de estímulo que os provoca: o fototropismo é provocado pela luz; o geotropismo, pela força de gravidade terrestre; tigmotropismo, por estímulos mecânicos; e o hidrotropismo, pela água.

As plantas estão sujeitas à ação de hormônios, moléculas mediadoras que induzem respostas em células-alvo (aquelas com receptores para esses hormônios). Auxinas são um grupo de hormônios, como o AIA (ácido β-indoli-acético). Dependendo da concentração, o AIA pode tanto inibir como estimular o crescimento de raízes e caules. Baixas concentrações de AIA estimulam o crescimento da raiz enquanto as altas estimulam o crescimento do caule e inibem o crescimento da raiz. Essa molécula é sensível à luz, sendo destruída quando iluminada. O AIA também está ligado à dominância apical – o AIA produzido pelo meristema da gema apical do caule inibe o crescimento das gemas laterais (axilares), mantendo-as no estado de dormência. Eliminando a gema apical por meio da poda, as gemas laterais deixam de ser inibidas e se desenvolvem em ramos, folhas e flores.

As giberelinas provocam a distensão celular (alongamento da célula), o crescimento de plantas anãs e também induzem à partenocarpia (desenvolvimento do fruto sem fecundação). As citocininas, ou citoquininas, são fitormônios com elevado poder de estimulação das divisões celulares. O ácido abscísico é um fitormônio cuja ação principal consiste na inibição dos efeitos de outros hormônios vegetais, como as auxinas e giberelinas. Ele também está ligado à dormência (período sem germinar) das sementes. Já o etileno está relacionado ao amadurecimento e à queda de frutos.

O fotoperiodismo está relacionado às adaptações das plantas em relação à duração do período de luz. As plantas podem ser classificadas, quanto ao fotoperíodo, em três categorias: plantas de dia curto (PDC, que florescem com período de escuro longo), plantas de dia longo (PDL, que florescem com período de escuro curto) e plantas indiferentes (que não são afetadas pela duração do período de escuro).

Exercícios

1. (Unisinos-RS) No ano passado, foi publicado o Decreto Estadual 51.109-14, que declara a flora nativa ameaçada de extinção no estado do Rio Grande do Sul. De acordo com o Decreto, 804 espécies foram enquadradas como ameaçadas de extinção, sendo 722 espécies de angiospermas, três de gimnospermas, 64 de pteridófitas e 15 de briófitas. Sobre as características dos diferentes grupos vegetais, assinale V nas afirmações verdadeiras e F nas falsas.

( ) As angiospermas são plantas que possuem flores e se dispersam por sementes.

( ) As gimnospermas são plantas que produzem frutos, como o pinhão da araucária.

( ) As pteridófitas são um grupo de plantas vasculares sem sementes.

( ) As briófitas são plantas vasculares que se dispersam por esporos.

A ordem correta, de cima para baixo, é:

a) V – V – V – F
b) F – V – V – F
c) V – F – F – V
d) V – F – V – F
e) V – F – V – V

2. (Unicamp-SP) A remoção de um anel da casca do tronco de uma árvore provoca um espessamento na região situada logo acima do anel. A árvore acaba morrendo.

a) O que causa o espessamento? Por quê?
b) Por que a árvore morre?
c) Se o mesmo procedimento for feito num ramo, as folhas e os frutos desse ramo tenderão a se desenvolver mais do que os de um ramo normal. Por que isso ocorre?
d) No inverno, em regiões temperadas, a remoção do anel não causa espessamento nas árvores que perdem folhas. Por quê?

3. (Vunesp-SP) Quando se realiza a poda, em uma plantação de uvas, vai ocorrer:

a) o estímulo da produção de ácido indolilacético (AIA).
b) o estímulo da produção de giberelina pelas folhas, produzindo grande alongamento caulinar.
c) a destruição da gema apical, que produz auxinas que inibem as gemas laterais.
d) a diminuição da absorção de nutrientes pela raiz como consequência da destruição da gema apical.
e) o aumento da fotossíntese, para compensar a perda das folhas decorrente do processo de poda.

4. (Fuvest-SP) Quando uma planta é colocada na posição horizontal, em ambiente homogeneamente iluminado, exibe uma resposta de crescimento orientado, conhecido como geotropismo.

a) Como são os geotropismos do caule e da raiz?
b) Explique o mecanismo fisiológico responsável por este crescimento orientado.

5. (Uerj) O padrão de movimentação das plantas é influenciado por diferentes estímulos, de natureza química ou física. Considere as plantas como a dama-da-noite, que abrem suas flores apenas no período noturno.

Identifique o tipo de movimento vegetal que promove a abertura noturna das flores da dama-da-noite e indique o estímulo responsável por esse movimento.

Em relação às flores que se abrem à noite, apresente duas características morfológicas típicas responsáveis pela atração de polinizadores noturnos.

6. (UFPR) Produtores de frutas utilizam permanganato de potássio para desencadear a reação representada pela seguinte equação:

Permanganato de potássio + Etileno → Óxido de manganês + Gás carbônico + Hidróxido de potássio

O objetivo de colocar as frutas em contato com o permanganato de potássio é:

a) acelerar seu crescimento.
b) retardar seu amadurecimento.
c) alterar seu sabor.
d) modificar sua cor.
e) reduzir a quantidade de sementes.

7. (Unicamp-SP) Segundo o modelo que determina a identidade de órgãos florais, os genes estão arranjados em três regiões sobrepostas, e cada região compreende dois verticilos adjacentes. Uma combinação única de genes determina a identidade do verticilo (imagem I). Se, por exemplo, a região de atividade B é ausente, os verticilos serão especificados apenas pelas regiões de atividade A e C, e a flor conterá apenas sépalas e carpelo (imagem II). Assinale a alternativa correta.

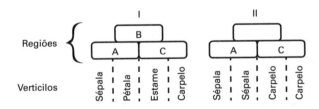

a) Na presença de genes apenas nas regiões A e C, a flor produzirá pólen.
b) Na presença de genes apenas nas regiões A e B, a flor dará origem a um fruto.
c) Na ausência de genes na região B, a autofecundação na flor é possível.
d) Na ausência de genes na região A, a flor será menos visitada por polinizadores.

8. (Unicamp-SP) A concentração de CO_2 na atmosfera em uma floresta varia ao longo de um dia e está intimamente associada com a fisiologia (fotossíntese e respiração) das espécies presentes. A concentração de CO2 na atmosfera também varia em função da disponibilidade de água no ambiente. Considerando o gráfico abaixo, é correto afirmar que

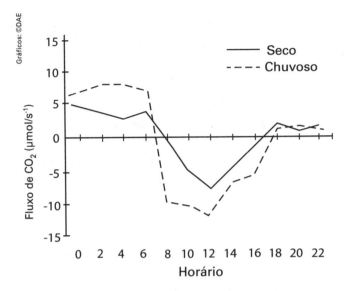

a) a fotossíntese das plantas é maior no início e no final do período diurno.
b) as plantas respiram mais na estação chuvosa.
c) na estação seca, há um pico de respiração às 12 horas.
d) as plantas fazem mais fotossíntese e respiram menos na estação chuvosa.

9. (Unicamp-SP) Muitas vezes se observa o efeito do vento nas plantas, que faz com que a copa das árvores e eventualmente o caule balancem vigorosamente sem, contudo, se romper. No entanto, quando ocorre a ruptura de um ramo, as plantas têm a capacidade de retomar o crescimento e ocupar novamente o espaço deixado pela queda do ramo.

a) Cite e caracterize os tipos de tecidos que promovem a sustentação e a flexibilidade dos ramos e caules.
b) Como se dão o surgimento e o crescimento do novo ramo em plantas danificadas pelo vento?

ANIMAIS INVERTEBRADOS

▶ INTRODUÇÃO AO REINO DOS ANIMAIS E AOS PORÍFEROS E CNIDÁRIOS

O Reino Animal está no domínio Eukarya por causa da estrutura celular que apresenta, isto é, os representantes desse domínio são eucariotos, pluricelulares, com células sem parede celular que são unidas por proteínas estruturais. Apresentam dois tipos de células exclusivas: as células musculares e os neurônios. Essas células estão organizadas em tecidos (tecido muscular e tecido nervoso) que propiciam ao animal a capacidade de se movimentar e de conduzir os impulsos nervosos, respectivamente. Um aspecto importante para os animais é a simetria, que consiste na divisão do corpo em partes. Ela pode ser bilateral (quando apresenta apenas um plano de simetria) ou radial (quando apresenta vários).

Os animais invertebrados não são um grupo **monofilético**, ou seja, eles não apresentam um ancestral comum recente. Apesar disso, o termo é consagrado pela prática e os invertebrados apresentam uma característica comum: a falta de vértebras.

Os poríferos (esponjas) são considerados **parazoários**, ou seja, um grupo à parte dos animais por não terem tecidos verdadeiros, células musculares nem neurônios. O corpo dos poríferos está organizado ao redor de um sistema de canais e câmaras por onde circula a água proveniente do meio ambiente. A água e os nutrientes dissolvidos nela fluem por pequenos **poros**, que se encontram na superfície do corpo dos poríferos e atingem uma cavidade maior chamada **espongiocele**, ou **átrio**. Enquanto circula pelo corpo, essa água recebe excreções e gametas. Depois disso, tanto a água quanto o que ela recebeu são expelidos do organismo por uma abertura localizada em sua parte superior, o **ósculo**. A circulação é consequência dos movimentos dos flagelos dos **coanócitos**, células que revestem internamente a cavidade do corpo desses organismos. Trocam gases e nutrientes por difusão com o meio circulante e são monoicos com fecundação externa, podendo também se reproduzir por brotamento e por gemulação.

Os animais do filo Cnidaria são conhecidos como cnidários. Possuem células urticantes, chamadas de **cnidócitos** ou cnidoblastos, dotadas de um filamento que, ao entrar em contato com outro animal, dispara um líquido urticante que pode ser suficiente para paralisar uma presa ou ferir um ser humano. Apresentam simetria radial, tecidos verdadeiros e tubo digestório incompleto (com apenas uma cavidade para entrada e saída de alimentos). Seu corpo pode estar na forma de **pólipo**, um organismo fixo (séssil), ou como **medusa**, que nada livremente.

Os cnidários se reproduzem tanto assexuadamente (brotamento) como sexuadamente. Podem ser dioicos ou monoicos, com fecundação externa. Podem apresentar alternância de gerações: os pólipos se reproduzem assexuadamente, gerando medusas, que se reproduzem sexuadamente, gerando uma larva que origina um novo pólipo.

▶ PLATELMINTOS E NEMATÓDEOS

Os animais do filo Platyhelminthes ou platelmintes são conhecidos também como vermes achatados ou planos e seu principal representante é a planária. Esses animais têm o corpo achatado dorsoventralmente. Diferentemente dos grupos já apresentados, os platelmintos têm simetria bilateral e alguns sistemas de órgãos.

São triblásticos, acelomados, com sistema digestório incompleto e células-flama como estruturas excretoras. O sistema nervoso desses animais é formado por dois cordões de células nervosas localizados na região ventral do corpo e com gânglios nervosos. Realizam trocas gasosas pela superfície corporal e não apresentam sistema circulatório.

Tênias são nematelmintos divididos em diversos segmentos, conhecidos como proglótides. **Teníase** e **cisticercose** são verminoses causadas pelas tênias. A teníase, ou solitária, é provocada pelas formas adultas de *Taenia solium* ou *Taenia saginata*. Já a cisticercose é causada pela forma larval de *Taenia solium*. A *T. saginata* não provoca cisticercose.

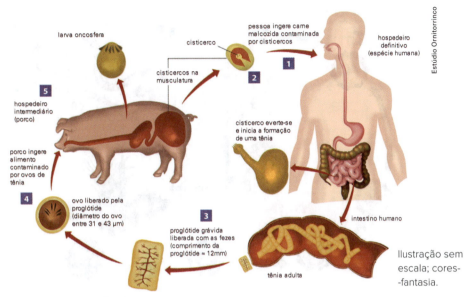

Ciclo de vida da *T. solium*.

O *Schistosoma mansoni* é um platelminto dioico causador da esquistossomose.

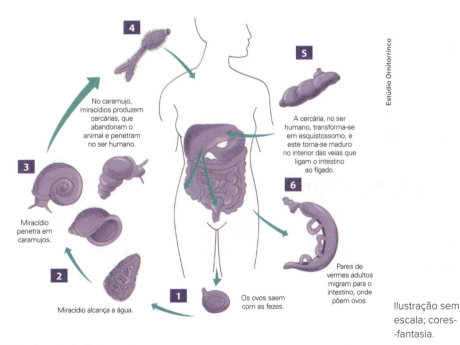

Ciclo de vida da *S. mansoni*.

As espécies do filo Nematoda, conhecidas como nematódeos, abrangem os vermes de corpo alongado, cilíndrico, com simetria bilateral, não segmentado e com tubo digestório completo, isto é, com boca e ânus. São triblásticos com sistema nervoso em forma de cordão nervoso ganglionar. A cavidade do corpo dos nematódeos é um pseudoceloma, preenchido por líquido. Assim como os platelmintos, não possuem sistema circulatório e as trocas gasosas são feitas pela superfície corporal. São dioicos, com dimorfismo sexual e fecundação interna.

Animais invertebrados 73

A ascaridíase é uma verminose causada pela *Ascaris lumbricoides*, popularmente conhecida como lombriga. A lombriga adulta vive no intestino delgado e pode ficar aderida à mucosa ou se deslocar em seu interior. Cada fêmea chega a botar cerca de 200 mil ovos por dia, todos eliminados com as fezes da pessoa contaminada.

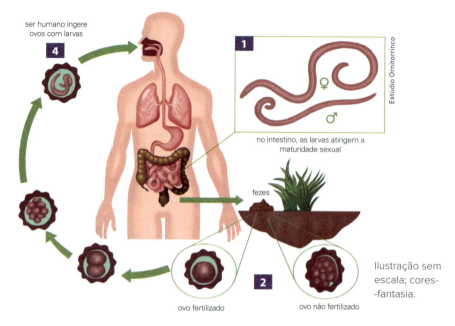

Ciclo de vida da *A. lumbricoides*.

A ancilostomose, também conhecida como amarelão, é uma verminose causada por um grupo de vermes da família Ancylostomatidae, na qual se destacam duas espécies: *Ancylostoma duodenale* e *Necator americanus*. Esses parasitas se instalam no intestino delgado da pessoa infestada. Em virtude da grande quantidade de sangue que ingere e da hemorragia intestinal, o doente apresenta anemia, o que o deixa muito pálido e extremamente enfraquecido. Outros sintomas da doença são diminuição do apetite, cólicas, náuseas e vômitos. Os vermes adultos, alojados no intestino delgado, produzem ovos, que são eliminados nas fezes. Em solos úmidos, com temperaturas elevadas, os ovos se desenvolvem em larvas. A larva existente no solo atravessa a pele, frequentemente entrando pela sola do pé, provocando irritação e coceira. Os nematelmintos também causam filariose e enterobiose.

▶ MOLUSCOS E ANELÍDEOS

O filo Mollusca compreende animais de corpo mole e não segmentado. São celomados e seu corpo apresenta simetria bilateral. Muitos deles têm o corpo protegido por uma ou mais conchas de carbonato de cálcio, produzida pelo próprio animal. O corpo dos moluscos, de modo geral, apresenta cabeça, massa visceral (na qual estão as vísceras) e pé musculoso. Uma peculiaridade dos moluscos é o manto, uma dobra da pele na região dorsal, que recobre a massa visceral e secreta a concha na parte externa, no caso daqueles que têm essa estrutura.

A borda do manto forma outra dobra junto à pele, conhecida como cavidade do manto. Os moluscos têm tubo digestório completo, possuem sistema circulatório, que pode ser aberto (com fluido passando fora de vasos sanguíneos) ou fechado (com fluido apenas dentro de vasos sanguíneos), e estruturas respiratórias, como as brânquias (a maioria) e os pulmões (nas espécies terrestres), localizados na cavidade do manto. O "pulmão" dos gastrópodes terrestres é uma rede de vasos sanguíneos situada na cavidade do manto. As brânquias são estruturas com superfície úmida e fina por onde passam fluidos corpóreos e apresentam condições favoráveis à troca de gases do interior do corpo dos animais com o meio externo. Os moluscos possuem metanefrídios, um par de estruturas especializadas para a excreção, que filtram as substâncias tóxicas e reabsorvem aquelas que ainda podem ser aproveitadas. Entre as classes dos moluscos, destacam-se os Gastropoda, ou gastrópodes (caramujos e lesmas), os Pelecypoda, ou pelecípodes (ostras e mariscos), e os Cephalopoda, ou cefalópodes (polvos e lulas).

Com exceção dos pelecípodes, os outros grupos de moluscos possuem uma estrutura denominada **rádula**, que se localiza na boca. Formada por vários dentículos quitinosos, a parte mecânica da digestão dos moluscos inicia-se na rádula, com a qual eles raspam o alimento. Apresentam espécies monoicas e dioicas, com fecundação interna ou externa.

Os animais do filo Annelida possuem corpo com numerosos segmentos semelhantes, em forma de anéis, denominados **metâmeros.** São triblásticos, celomados, com simetria bilateral e sistema digestório completo. O sistema circulatório nos anelídeos é do tipo fechado. O sangue da minhoca, por conter o pigmento hemoglobina, tem grande capacidade de transportar oxigênio. Os outros anelídeos têm hemocianina como pigmento respiratório. O sistema nervoso dos anelídeos apresenta duas massas ganglionares dorsais na região anterior. Essas massas são conhecidas como gânglios nervosos cerebrais, de onde parte um cordão nervoso ganglionar ventral com um par de gânglios por segmento até a parte posterior do corpo. Nos anelídeos, as células do corpo lançam suas excreções no celoma e no sangue. Os **nefrídios** removem essas excreções e as eliminam no meio externo. Como exemplos de anelídeos, podemos citar minhocas, nereis e sanguessugas. Parte da respiração desses animais pode ocorrer pela pele, que deve se manter úmida. Existem espécies dioicas e monoicas, com fecundação interna.

▶ ARTRÓPODES E EQUINODERMOS

Os artrópodes são animais triblásticos celomados, com corpo recoberto por exoesqueleto quitinoso, camada resistente e impermeável que atua como estrutura de suporte e proteção dos órgãos internos. Esse exoesqueleto é formado por placas que se articulam, o que possibilita os movimentos dos animais. Ligados ao exoesqueleto estão os apêndices, entre eles as pernas, que, por terem diversas articulações, dão nome ao filo. Além das pernas, outros apêndices, também articulados, estão ligados ao exoesqueleto, como as antenas e as mandíbulas.

O sistema nervoso possui dois gânglios nervosos cerebrais bem desenvolvidos, de onde parte o cordão nervoso ganglionar ventral. O sistema circulatório é do tipo aberto. Os artrópodes apresentam simetria bilateral. O corpo deles é segmentado em regiões denominadas **tagmas**, como a **cabeça**, o **tórax** e o **abdômen**. Isso ocorre no corpo dos insetos; nos outros grupos de artrópodes, os tagmas podem estar fundidos.

Por causa de sua falta de elasticidade, o exoesqueleto impede o crescimento do artrópode. Assim, para poder crescer, o animal faz a troca do esqueleto. Essas trocas periódicas são conhecidas como **mudas** ou ecdises. Durante as mudas, os artrópodes se desfazem do recobrimento rígido e crescem enquanto secretam o novo exoesqueleto.

Os artrópodes são distribuídos em vários grupos, dos quais se destacam os seguintes:

- **Insecta**, os insetos: apresentam respiração traqueal e desenvolvimento direto ou indireto;
- **Arachnida**, os aracnídeos: com cefalotórax (cabeça e tórax fundidos) e abdômen, respiração por filotraqueias, e quelíceras e pedipalpos para manipular o alimento. Podem produzir veneno;
- **Crustacea**, os crustáceos: possuem exoesqueleto quitinoso impregnado de carbonato de cálcio. Podem apresentar cefalotórax;
- **Chilopoda** ou quilópodes e **Diplopoda** ou diplópodes: apresentam antenas e podem ser venenosos.

Os equinodermos são exclusivamente marinhos. Seus representantes mais conhecidos são as estrelas-do-mar, os ouriços-do-mar e as bolachas-da-praia. Apresentam endoesqueleto calcário, que pode ou não ser flexível. Todos são triblásticos e celomados. As larvas têm simetria bilateral, e os adultos simetria radial, mais precisamente pentarradial, ou seja, seu corpo pode ser dividido em cinco partes iguais.

O sistema ambulacral é um sistema de canais localizado no celoma, por onde circula a água proveniente do ambiente. A água penetra numa placa com perfurações, conhecida como placa madrepórica. Devido à pressão de músculos na água, ela pode ajudar na locomoção desses animais.

O sistema digestório dos equinodermos é completo, com boca e ânus. O tubo digestório contém, além de boca e ânus, esôfago, estômago e intestino. Alguns apresentam lanterna de Aristóteles, estrutura formada por cinco dentes calcários e usada para raspar algas, das quais se alimentam. São dioicos, com fecundação externa.

Exercícios

1. (UFPI) Indique as características que tornam os organismos do filo Porífera bem diferentes daqueles de outros filos animais:

   a) Não podem se reproduzir.
   b) As formas adultas são sésseis.
   c) Não respondem a estímulos externos.
   d) Alimentam-se através de mecanismos de filtração.
   e) Suas células não são organizadas em tecidos.

2. (Unicamp-SP) A teníase e a cisticercose são doenças parasitárias que ainda preocupam as entidades sanitaristas. São medidas que controlam a incidência de casos dessas parasitoses: lavar bem os alimentos e tomar água fervida ou filtrada, para evitar a

   a) ingestão de ovos dos platelmintos causadores dessas doenças; e controlar as populações de caramujos, que são hospedeiros intermediários dos platelmintos.
   b) ingestão de ovos dos nematelmintos, além de cozinhar bem as carnes de porco e de boi, ambos portadores desses nematelmintos.
   c) ingestão de cisticercos; e controlar a população de insetos vetores, como o barbeiro, que transmite os ovos do parasita ao picar o homem.
   d) ingestão de ovos do parasita; e cozinhar adequadamente as carnes de porco e de boi para evitar a ingestão de cisticercos.

3. (G1-UTFPR) Os animais invertebrados não possuem coluna vertebral. Dentro desse grupo, encontram-se os poríferos, cnidários, platelmintos, nematódeos, anelídeos, moluscos, artrópodes e equinodermos.

   Sobre esses animais, considere as afirmativas a seguir.

   I. Moluscos possuem o corpo mole e nesse grupo encontram-se as minhocas, sanguessugas, planárias, polvos e lulas.
   II. A minhoca é um anelídeo que possui o corpo segmentado em forma de anéis, respiração cutânea e sistema digestório completo.
   III. Os artrópodes são caracterizados por segmentos articulados, corpo segmentado e exoesqueleto quitinoso.
   IV. Equinodermos são invertebrados exclusivamente marinhos e nesse grupo encontram-se as bolachas-da-praia e as estrelas-do-mar.

   Estão corretas:

   a) apenas II, III e IV.
   b) I, II, III e IV.
   c) apenas I e II.
   d) apenas I e IV.
   e) apenas III e IV.

4. (PUC-RS) Para responder à questão, analise o cladograma abaixo.

   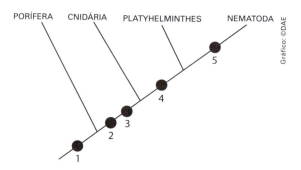

   Com base no cladograma, é correto afirmar que o _____ corresponde à presença de _____.

   a) ponto 1 – células nervosas
   b) ponto 2 – pseudoceloma
   c) ponto 3 – simetria bilateral
   d) ponto 4 – exoesqueleto
   e) ponto 5 – tubo digestório completo

5. (UFU-MG) A figura representa, esquematicamente, o ciclo de vida de *Schistosoma mansoni*.

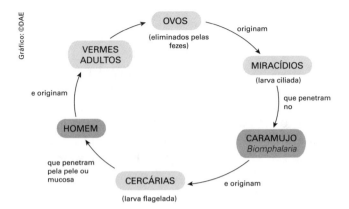

A partir da análise do ciclo, considere as afirmativas a seguir.

I. A larva do esquistossomo que penetra ativamente pela pele ou pela mucosa das pessoas, infestando-as, é um protozoário flagelado denominado cercária.

II. Na profilaxia dessa doença é importante construir redes de água e esgoto, exterminar o caramujo hospedeiro, bem como evitar o contato com águas possivelmente infestadas por cercárias.

III. O caramujo *Biomphalaria* representa o hospedeiro intermediário das larvas ciliadas (miracídios). Estas originam, de modo assexuado, larvas dotadas de cauda (as cercárias).

IV. A esquistossomose é ocasionada pela presença da larva do *Schistosoma mansoni*, e a infestação do homem é ocasionada pela ingestão de ovos do parasita liberados nas fezes de pessoas infectadas.

Assinale a alternativa que apresenta apenas as afirmativas corretas.

a) II e III e IV.
b) I e IV.
c) I, II e III.
d) II, III.

6. (Enem)

Euphorbia mili é uma planta ornamental amplamente disseminada no Brasil e conhecida como coroa-de-cristo. O estudo químico do látex dessa espécie forneceu o mais potente produto natural moluscicida, a miliamina L.

MOREIRA. C. P. S.; ZANI. C. L.; ALVES, T. M. A. Atividade moluscicida do látex de *Synadenium carinatum boiss* (Euphorbiaceae) sobre *Biomphalaria glabrata* e isolamento do constituinte majoritário. *Revista Eletrônica de Farmácia*. n. 3, 2010 (adaptado).

O uso desse látex em água infestada por hospedeiros intermediários tem potencial para atuar no controle da

a) dengue.
b) malária.
c) elefantíase.
d) ascaridíase.
e) esquistossomose.

7. (Imed-RS) A alternativa que contempla a principal novidade evolutiva dos anelídeos em relação aos moluscos, platelmintos, nematelmintos e cnidários é:

a) Metameria.
b) Brânquias.
c) Gânglios nervosos.
d) Rádula.
e) Celoma.

8. (UEPB) Enquanto a Eco-92 ficou conhecida como a "Cúpula da Terra", a Rio+20 foi muitas vezes citada como a "Cúpula dos Mares". O documento final aprovado pelos Chefes de Estado traz como uma de suas metas a redução dos detritos marinhos, em especial plástico, até 2025. O desenvolvimento de uma rede global de áreas marinhas protegidas internacionais e a criação de mecanismos de governança global dos oceanos para preservar a biodiversidade e os recursos genéticos também estavam em pauta. Sobre os *Echinodermata*, animais exclusivamente marinhos, assinale a alternativa correta:

a) O caráter compartilhado que aproxima o filo *Echinodermata* do filo *Chordata* é a presença de notocorda na fase embrionária.

b) Os *Echinodermata* apresentam organização pentarradiada, com larvas de simetria bilateral, esqueleto calcário esterno, triblásticos e deuterostômios.

c) A forma básica de reprodução desses animais é assexuada.

d) É o único grupo do reino animal que possui um sistema aquífero responsável pelas funções de circulação, locomoção, respiração, excreção e percepção.

e) Conchas, estrelas-do-mar e ouriços-do-mar são seus representantes mais conhecidos.

CORDADOS

▶ FILO CHORDATA

Os animais do filo Chordata, conhecidos como cordados, têm simetria bilateral, três folhetos embrionários (triblásticos), tubo digestório completo, celoma bem desenvolvido, são deuterostomados e a maioria possui sistema circulatório fechado. Como características exclusivas, apresentam **notocorda** ou corda ao menos em uma fase de vida, tubo nervoso na posição dorsal, fendas branquiais na faringe ou fendas faringianas e cauda pós-anal. São cordados os peixes, anfíbios, répteis, aves e mamíferos.

▶ PEIXES

Peixes são animais exclusivamente aquáticos. O sistema circulatório é fechado, com coração com duas câmaras: o átrio e o ventrículo. Ele também é considerado **simples**, já que o sangue tem um único circuito no corpo: vai do coração até as brânquias e de lá ao resto do corpo, retornando posteriormente ao coração. Também é **completo**, já que não há mistura de sangue rico em gás oxigênio (sangue arterial) com sangue rico em gás carbônico (sangue venoso). A excreção é feita por meio dos rins e estes eliminam amônia. O sistema digestório é completo. Os peixes respiram por meio de **brânquias**, estruturas delgadas por onde ocorrem as trocas gasosas com o ambiente. A água do ambiente penetra pelos **espiráculos** e, principalmente, pela boca, passa pelas brânquias, onde ocorrem as trocas gasosas, e sai pelas fendas branquiais.

Geralmente, são divididos em peixes cartilaginosos (tubarões, raias) e ósseos (bagres, tilápias). Os peixes condrictes (cartilaginosos) são nadadores eficientes. O intestino dos tubarões é dotado de válvula espiral, cuja função é aumentar a superfície de absorção dos alimentos digeridos. Os peixes cartilaginosos possuem uma câmara, a **cloaca**, junto à superfície do corpo, na qual terminam os sistemas digestório, reprodutor e urinário.

A classe dos peixes ósseos (osteíctes) inclui animais que possuem esqueleto ósseo, pele com muitas glândulas mucosas e escamas de origem dérmica, recobertas por uma fina epiderme e nadadeiras radiais. Possuem opérculo, através do qual a água alcança as brânquias. Sensações são percebidas por uma estrutura denominada **linha lateral**. Uma das características exclusivas dos peixes ósseos é a presença da **bexiga natatória**, responsável pela estabilização e pela flutuação em profundidades diferentes.

Os peixes geralmente são dioicos e podem ter fecundação interna ou externa.

▶ ANFÍBIOS

A pele dos anfíbios é delgada e ricamente vascularizada; é mantida úmida e permeável em virtude da ação de suas muitas glândulas mucosas. Graças a essas condições, a pele dos anfíbios também assume papel respiratório no processo de **respiração cutânea**. Esse tipo de respiração complementa a pulmonar, também presente nesse grupo. Porém, a pele dos anfíbios não dispõe de mecanismos ou estruturas que lhes confiram proteção contra a dessecação, o que contribui para limitá-los a ambientes úmidos. Entre os cordados, os anfíbios são os que possuem maior diversidade respiratória: a larva respira por brânquias, e o adulto por meio da pele e dos pulmões.

Para defesa, algumas espécies possuem glândulas de veneno na pele. Essas glândulas só eliminam seu conteúdo tóxico quando são pressionadas externamente. Apresentam **cloaca.**

Geralmente, os anfíbios são dioicos com fecundação interna e desenvolvimento indireto.

▶ RÉPTEIS

A pele dos répteis é seca, espessa e impermeável, em virtude de grande quantidade de queratina, e possui anexos epidérmicos, como escamas, placas e garras. Esse tipo de pele impede que os répteis respirem por ela, porém, por causa da sua impermeabilidade, essa característica fornece grande proteção contra a dessecação, extremamente útil na adaptação em ambientes secos.

Os répteis apresentam cloaca. A principal excreta nitrogenada dos répteis é o ácido úrico, pouco solúvel em água. Além disso, os répteis respiram por pulmões, o que representa outro aspecto adaptativo para ambientes secos.

Geralmente são dioicos com fecundação interna e ovíparos, com ovo com anexos embrionários, adaptado, a ambientes secos.

▶ AVES

As aves têm penas e membros anteriores transformados em asas. As penas, além de serem um isolante térmico, são muito importantes para o voo. A pele é queratinizada, seca e impermeável, e tem apenas a glândula uropigiana. Além disso, possui anexos epidérmicos, como garras. A glândula uropigiana está situada na região caudal e produz uma secreção gordurosa, usada na impermeabilização das penas.

As aves possuem diversas características que as tornam extremamente bem adaptadas ao voo, como: corpo com formato aerodinâmico; membros anteriores transformados em asas; esqueleto leve e resistente com ossos **pneumáticos**; osso esterno, que une as costelas, apresentando uma saliência denominada **quilha** ou carena, onde se ligam os potentes músculos peitorais, responsáveis pelo batimento das asas; presença dos **sacos aéreos**, que são sacos membranosos, formados a partir de expansões do sistema respiratório e que se inserem entre as vísceras e no interior dos ossos pneumáticos. São ovíparas e botam os ovos assim que eles são formados. A urina (que contém principalmente ácido úrico) é pastosa e eliminada com as fezes; a boca é desprovida de dentes, o que reduz ainda mais o peso do animal.

A respiração das aves é pulmonar, a excreção é feita pelos rins e o sistema digestório apresenta papo e moela. A moela é um órgão musculoso onde o alimento é misturado com materiais que as aves engolem e que auxiliam na quebra do alimento. Já o papo armazena o alimento.

As aves são dioicas, apresentam fecundação interna e desenvolvimento direto.

▶ MAMÍFEROS

A classe dos mamíferos recebe o nome de Mammalia devido à presença de glândulas mamárias, tanto nos machos como nas fêmeas. Nas fêmeas, essas glândulas são mais desenvolvidas e produzem o leite que nutre os filhotes em seus primeiros momentos de vida. Os mamíferos são dotados de pelos, glândulas sebáceas e glândulas sudoríparas na epiderme, que são características exclusivas deles.

Tanto os mamíferos como as aves têm tecido adiposo, denominado **hipoderme**. A respiração dos mamíferos é pulmonar. Possuem diafragma, um músculo que separa o tórax do abdômen, fundamental no movimento respiratório dos pulmões. Essa estrutura é exclusiva dos mamíferos.

O sistema digestório dos mamíferos é completo e eles apresentam variadas formas de alimentação. Excretam ureia formada nos rins. A classe dos mamíferos é dividida em monotremata (ovíparos, como o ornitorrinco), marsupialia (apresentam marsúpios, como o canguru) e eutheria (possuem placenta, como os humanos). São dioicos com fecundação interna e desenvolvimento direto.

▶ FISIOLOGIA COMPARATIVA

Digestão

Existem organismos que se alimentam apenas de vegetais e, portanto, são chamados de **herbívoros**; outros se alimentam somente de outros animais e são chamados de **carnívoros**. E há ainda os **onívoros**, que se alimentam tanto de vegetais como de animais.

Chamamos **intracorpórea** a digestão que se realiza dentro do corpo do animal. A digestão **extracorpórea** é comum em aranhas e em algumas espécies de estrelas-do-mar. A digestão é **extracelular** quando se dá fora da célula, o que se verifica na maioria dos animais, como os artrópodes e os vertebrados. Os cnidários têm as duas formas de digestão: intracelular e extracelular. A digestão é **intracelular** quando ocorre no interior da célula, no vacúolo digestório. Certos seres têm apenas digestão intracelular, como os protozoários e os poríferos.

Respiração e circulação

Os organismos unicelulares não possuem um sistema de transporte e as células trocam substâncias diretamente com o ambiente. Nos pluricelulares de pequeno porte, como as esponjas e os cnidários, o transporte ocorre célula a célula por difusão simples, e as trocas também podem ser feitas diretamente com o ambiente. Isso ocorre em poríferos, cnidários, platelmintos e nematoides.

Nos animais que apresentam sistema de transporte, ele pode ser aberto ou fechado. A circulação aberta ocorre na maioria dos moluscos e nos artrópodes; já a circulação fechada ocorre em cordados, em alguns moluscos, como lulas e polvos, e em anelídeos.

Circulação nos cordados		
Grupo	Tipo de circulação	Estrutura do coração
Peixes	Simples/completa	1 átrio e 1 ventrículo
Anfíbios	Dupla/incompleta	2 átrios e 1 ventrículo
Répteis	Dupla/incompleta	2 átrios e 1 ou 2 ventrículos
Aves	Dupla/completa	2 átrios e 2 ventrículos
Mamíferos	Dupla/completa	2 átrios e 2 ventrículos

Nos protozoários, poríferos, cnidários, platelmintos e nematelmintos, as trocas gasosas são realizadas diretamente entre o organismo e o ambiente por meio da superfície do corpo. O deslocamento dos gases (O_2 e CO_2) é feito por simples difusão. Assim, esses organismos não apresentam sistema respiratório.

Os anelídeos e os anfíbios têm respiração cutânea e o oxigênio é transportado, pelo sangue, da pele para as células do corpo. As traqueias encontradas nos artrópodes, principalmente nos insetos, são estruturas respiratórias semelhantes a canais, que mantêm cada célula do corpo em contato direto com o ar.

As propriedades comuns às brânquias e aos pulmões são: o epitélio delgado, permeável aos gases, úmido, com grande superfície e muito vascularizado. Respiram por brânquias: os moluscos (gastrópodes aquáticos, pelecípodes e cefalópodes), os anelídeos (poliquetas), os crustáceos, os equinodermos, os peixes e os girinos. Alguns animais que possuem brânquias vivem em ambientes terrestres, como o tatuzinho-de-jardim e certos caranguejos.

Os pulmões são os órgãos respiratórios que melhor se adaptam à respiração em ambiente terrestre. Respiram por pulmões alguns moluscos (gastrópodes terrestres), os anfíbios adultos, os répteis, as aves e os mamíferos.

Excreção

Nos poríferos e cnidários as excreções simplesmente se difundem para o meio externo pelas membranas das células. Platelmintos e nemátodos possuem as **células-flamas** que fazem parte do sistema excretor. Nos anelídeos encontram-se os **nefrídios**, estruturas especializadas na excreção. A excreção nos crustáceos é feita pelas **glândulas verdes** ou glândulas antenais. Os órgãos excretores dos insetos são os **túbulos de Malpighi**. O sistema excretor dos vertebrados, também conhecido como sistema urinário, é essencialmente o mesmo, composto de túbulos renais ou néfrons.

Tipos de excretas nitrogenadas em cordados		
Grupos	Tipo de excreta nitrogenada	Solubilidade em água
Peixes/anfíbios	Amônia	Alta
Répteis/aves	Ácido úrico	Baixa
Mamíferos	Ureia	Média

Coordenação nervosa e hormonal

Os organismos unicelulares (protozoários) e as esponjas não têm sistema nervoso. Nos cnidários, o sistema nervoso apresenta-se de forma difusa, em rede. À medida que os animais foram se tornando mais complexos, surgiu a tendência de concentração de células nervosas em gânglios, cordões ou outras estruturas. Nos platelmintos, nemátodos, moluscos, anelídeos e artrópodes esse sistema aparece na forma de cordão nervoso ganglionar, na posição ventral. Nos vertebrados o sistema nervoso está localizado dorsalmente e é protegido pelo crânio e pela coluna vertebral.

Existem, no corpo dos invertebrados, sistemas neurossecretores periféricos que possuem tendência de se internalizar ao longo da evolução. Nos vertebrados, eles se tornaram internos.

Ectotermia e endotermia

Aves, mamíferos e alguns répteis são **endotérmicos**, ou seja, mantêm a temperatura do corpo estável por meio de gasto de energia. Entre esses mecanismos estão as camadas de gordura, a eliminação de calor pelo suor, entre outros. Os outros animais são **ectotermos** e utilizam fontes externas de energia para regular a temperatura corpórea.

Caderno de revisão

Exercícios

1. (UFJF/Pism-MG) Os vertebrados compreendem cerca de 50 mil espécies, com representantes aquáticos, terrestres e aéreos. Embora os componentes deste subfilo apresentem características morfológicas e fisiológicas comuns, cada grupo animal possui características próprias relacionadas ao seu modo de vida e a adaptações ao ambiente utilizado. As afirmativas abaixo, referentes aos diferentes grupos de vertebrados, estão corretas, EXCETO:

   a) a bexiga natatória dos peixes ósseos auxilia na flutuação e permite que o animal mantenha o equilíbrio em diferentes profundidades sem muito esforço.

   b) a pele dos anfíbios é lisa e rica em glândulas mucosas e de veneno, pobre em queratina e bastante permeável.

   c) a independência da água para a reprodução dos répteis está relacionada com o surgimento do ovo amniótico.

   d) aves apresentam bexigas, as quais auxiliam o voo e atuam como reserva de oxigênio para altitudes com ar rarefeito.

   e) mamíferos apresentam o corpo coberto de pelos, ausentes nas baleias adultas, o que representa uma adaptação à vida aquática.

2. (Enem) O cladograma representa, de forma simplificada, o processo evolutivo de diferentes grupos de vertebrados. Nesses organismos, o desenvolvimento de ovos protegidos por casca rígida (pergamínácea ou calcária) possibilitou a conquista do ambiente terrestre.

   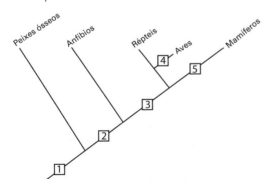

   O surgimento da característica mencionada está representado, no cladograma, pelo número

   a) 1.
   b) 2.
   c) 3.
   d) 4.
   e) 5.

3. (Unifesp) Os répteis foram o primeiro grupo de vertebrados a conquistar o ambiente terrestre de forma plena.

   a) Os répteis modernos estão classificados em três principais ordens. Dê um exemplo de uma espécie pertencente a cada uma dessas ordens.

   b) Explique quais foram as adaptações necessárias para que os répteis pudessem viver no ambiente terrestre.

4. (Uerj) A amônia é produzida pelos organismos vivos, especialmente durante o catabolismo dos aminoácidos. Por ser muito tóxica, alguns vertebrados a incorporam, antes da excreção, como ácido úrico ou como ureia.

   Cite um vertebrado que excreta diretamente amônia e identifique o principal órgão excretor dessa substância. Aponte também uma vantagem de adaptação ambiental relativa às aves e outra relativa aos répteis, por excretarem ácido úrico, substância pouco solúvel em água.

5. (Udesc) O sistema circulatório no reino animal desempenha um importante papel no transporte de substâncias. Com relação a este sistema, assinale a alternativa que contém apenas animais cujo sistema circulatório é do tipo fechado.

   a) polvo, marisco, borboleta e abelhas.
   b) água-viva, esponjas, sanguessuga e lambari.
   c) minhocas, pinguim, leão e jacaré.
   d) centopeia, aranhas, escorpiões e opiliões.
   e) camarão, lagosta, gatos e ursos.

Exercícios

6. (UEL-PR) Além do transporte de gases, a circulação sanguínea transporta outros solutos, calor e nutrientes. Cada classe de vertebrados tem um tipo muito uniforme de circulação, mas as diferenças entre as classes são substanciais, principalmente quando se comparam os vertebrados aquáticos com os terrestres.

As figuras a seguir representam dois tipos de circulação sanguínea observados em vertebrados. A letra V representa os ventrículos e a letra A representa os átrios. As setas indicam a direção do fluxo sanguíneo.

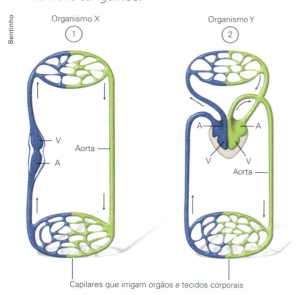

(Adaptado de: <http://wikiciencias.casadasciencias.org/wiki/index.php/Sistemas_de_Transporte_no_Animais>. Acesso em: 31 jul. 2015.)

Com base na figura e nos conhecimentos sobre circulação sanguínea, responda aos itens a seguir.

a) Que órgãos são representados pelos números 1 e 2? Cite uma classe animal à qual pode pertencer o organismo X e outra à qual pode pertencer o organismo Y.

b) Que vantagens apresenta a circulação dupla completa, no organismo Y, em relação à circulação encontrada no organismo X?

7. (UFJF/Pism-MG) O gráfico a seguir mostra a correlação entre a temperatura ambiente e a temperatura corporal de dois vertebrados terrestres, A e B.

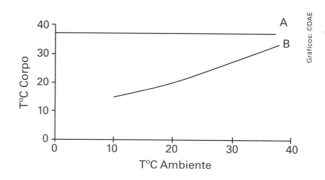

Considerando as curvas do gráfico, os animais A e B podem ser, respectivamente:

a) iguana e sapo

b) morcego e beija-flor

c) tartaruga e garça

d) urubu e jacaré

e) rã e capivara

8. (PUC-RS) Para responder à questão, analise as informações e o gráfico abaixo.

A taxa metabólica basal (TMB) é o nome dado à taxa metabólica mínima de um animal endotermo adulto em repouso, ou seja, o mínimo para que ocorram as funções básicas, como manutenção da atividade celular, respiração, batimentos cardíacos etc.

O gráfico abaixo representa a relação da taxa metabólica basal com o tamanho do corpo de alguns animais endotérmicos.

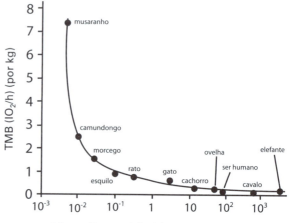

A partir da análise dos dados apresentados, podemos afirmar que

a) a energia necessária para manter cada grama de peso corporal é inversamente relacionada ao tamanho do corpo.

b) a energia necessária para manter cada grama de peso corporal é diretamente relacionada ao tamanho do corpo.

c) um cachorro tem taxa metabólica maior do que um musaranho, pois tem massa corporal maior.

d) quanto menor o animal, menor a sua taxa metabólica e, assim, menor a demanda por alimento por unidade de massa corporal.

e) cada grama de um elefante requer aproximadamente 10 vezes mais calorias que um grama de um esquilo.

9. (Udesc) O filo dos cordados possui três subfilos: Vertebrados, Urocordados e Cefalocordados. O anfioxo, mostrado na figura, é o representante *tipo* do último subfilo. Uma característica marcante do anfioxo destes animais é que o revestimento corporal é relativamente transparente e permite visualizar sua musculatura metamerizada, organizada em blocos.

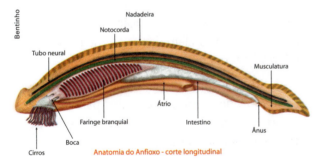

Anatomia do Anfioxo - corte longitudinal

Fonte: Adaptado de: Loyola e Silva, J. *Zoologia*, 1ª ed. FTD, 1973, p. 480.

Com relação ao anfioxo e ao filo dos cordados, analise as proposições.

I. Pela análise da anatomia dos anfioxos, pode-se afirmar que possuem tubo digestório completo.

II. A respiração do anfioxo é do tipo pulmonar.

III. O *habitat* do anfioxo é aquático.

IV. Nos cordados vertebrados a notocorda se transforma na coluna vertebral.

V. Os cordados apresentam durante seu desenvolvimento embrionário: tubo nervoso dorsal; notocorda; fendas faringianas; e cauda pós-anal.

Assinale a alternativa correta.

a) Somente as afirmativas I, III e V são verdadeiras.
b) Somente as afirmativas II, III e IV são verdadeiras.
c) Somente as afirmativas I, II, III e V são verdadeiras.
d) Somente as afirmativas III, IV e V são verdadeiras.
e) Somente as afirmativas I, III e IV são verdadeiras.

10. (UEPG-PR) Os condrictes são vertebrados que apresentam maxilas e nadadeiras pares. Em relação a características gerais, anatomia, fisiologia e evolução desse grupo, assinale o que for correto.

01) A adaptação evolutiva de nadadeiras atuando como hidrofólios permitiu a esses animais deslocamento eficiente na água. Virar rapidamente o corpo para os lados, para cima e para baixo e girar o corpo ao redor de seu próprio eixo são movimentos importantes na procura e captura de presas e mesmo para fugir de predadores.

02) A adaptação evolutiva das maxilas colocou os primeiros gnatostomados em uma posição vantajosa para captura de alimentos em relação aos ágnatos primitivos e quase levou este último grupo à extinção.

04) A quimiorrecepção e a mecanorrecepção são mecanismos sensoriais que os condrictes utilizam principalmente para a percepção da presença de presas a grandes distâncias.

08) Nos condrictes, o crânio e as vértebras são ósseos e o restante do esqueleto é formado por cartilagens.

16) Os condrictes podem ser classificados em dois grupos principais: Agnatha e Elasmobranchii.

FISIOLOGIA HUMANA

▶ DIGESTÃO

Seres humanos necessitam de nutrientes e estes são obtidos pelos alimentos. Uma dieta saudável contém quantidades adequadas de todos os nutrientes. Os alimentos são ingeridos e então digeridos, sendo reduzidos a um tamanho que o corpo pode aproveitar. O sistema digestório humano é composto pelas seguintes estruturas: boca, faringe, esôfago, estômago, intestino grosso, intestino delgado, reto e ânus. Ele também possui glândulas anexas, estruturas que secretam substâncias que participam da digestão: glândulas salivares, fígado, vesícula biliar e pâncreas.

A digestão começa na boca, onde ocorre a digestão física (pela mastigação e pela movimentação da língua) e química (pela ação da ptialina, enzima que atua em pH próximo a 7 e digere o amido).

Ao deixar a boca, o alimento passa pela faringe e pelo esôfago, indo em direção ao estômago. Isso ocorre devido ao **peristaltismo,** que é a movimentação do alimento no sistema digestório em virtude das contrações musculares que o deslocam.

No estômago, o alimento entra em contato com o suco gástrico, que contém água, ácido clorídrico, pepsinogênio e lipase (enzima que degrada lipídios). O pepsinogênio é uma protease (enzima que degrada proteínas) inativa, que se torna ativa devido ao pH ácido do estômago.

O alimento sai do estômago e segue para o intestino delgado. O intestino delgado pode ser dividido em três partes: **duodeno**, **jejuno** e **íleo**. No duodeno, são lançados sobre o alimento o suco entérico, proveniente do intestino delgado, o suco pancreático, proveniente do pâncreas, e a bile, produzida no fígado.

O **suco entérico** é secretado pelas células da parede do duodeno e contém diversas enzimas. O **suco pancreático**, secretado pelo pâncreas, também contém várias enzimas e um sal, o bicarbonato de sódio ($NaHCO_3$), que anula a acidez proveniente do estômago e favorece a atuação das enzimas do intestino delgado, que possuem pH ótimo básico. A **bile**, produzida no fígado e armazenada na vesícula biliar, é eliminada no duodeno no momento da digestão, para emulsificar as gorduras.

No jejuno e no íleo ocorre a absorção de alimentos, que vão para a corrente sanguínea que os distribuirá pelo corpo. Nessa região, as células apresentam vilosidades, ou seja, dobras na membrana que aumentam a área de absorção.

O alimento segue então para o intestino grosso, onde ocorre absorção de água e vitaminas, algumas sintetizadas por bactérias que vivem nesse local. Os restos não digeridos ou não absorvidos são descartados na forma de fezes.

▶ CIRCULAÇÃO

Sistema cardiovascular

O sistema cardiovascular ajuda gases e nutrientes a circular pelo corpo através do sangue. Os vasos presentes no nosso organismo são veias, artérias e capilares (que permitem trocas entre o sangue e o ambiente). O coração possui dois átrios e dois ventrículos, além de valvas que impedem o refluxo de sangue.

No corpo humano, o percurso que o sangue corre é dividido em dois circuitos para facilitar o estudo. Como o sangue passa duas vezes pelo coração para dar uma volta completa no corpo, diz-se que a circulação humana é dupla, composta de dois circuitos:

- pequena circulação: coração – pulmões – coração;
- grande circulação: coração – sistemas – coração.

O sangue pode ser venoso, rico em gás carbônico, ou arterial, rico em gás oxigênio. Não há mistura de sangue nos seres humanos, o que caracteriza a circulação como completa.

Circulação linfática

A circulação linfática nos vertebrados se relaciona com a circulação da linfa, que ocorre nos vasos linfáticos. Durante a circulação do sangue, juntamente com alguns glóbulos brancos, sai dos vasos sanguíneos sob pressão um pouco de líquido que entra no espaço entre as células corpóreas (espaços intersticiais). Esse líquido constitui a linfa. Ela é captada e conduzida por vasos linfáticos.

A linfa também possui uma parte celular, constituída de leucócitos, e não apresenta hemácias. Pela circulação linfática também podem ser levadas partículas estranhas, como bactérias, do local de entrada para outras partes do corpo. A linfa passa por gânglios linfáticos, ou linfonodos, estruturas que filtram a linfa e onde os leucócitos eliminam as substâncias estranhas.

As defesas do corpo

As células corpóreas se reconhecem por moléculas na membrana. Se uma partícula não apresenta essas moléculas, ela é reconhecida como estranha ao corpo. Uma partícula ou célula não reconhecida inicia uma série de mecanismos de defesa pelos quais o organismo tenta eliminá-la, o que caracteriza uma resposta imune ou imunológica.

Qualquer elemento que desencadeie uma resposta imune é chamado de antígeno. Para se defender, o organismo dispõe do sistema imunológico, que pode ter seus mecanismos de defesa classificados em dois tipos:

Defesa humoral: caracteriza-se por utilizar moléculas para defender o corpo. Algumas células encarregadas da defesa do nosso organismo são especializadas em produzir substâncias que anulam, inibem ou destroem antígenos. Essas substâncias são proteínas chamadas de anticorpos, e só são produzidas quando o antígeno é identificado pelo corpo e os linfócitos B, que produzem os anticorpos, são estimulados. Os anticorpos são específicos para determinado antígeno.

Defesa celular: caracteriza-se por utilizar células para defender o corpo. Os neutrófilos e os macrófagos, que se encontram no sangue, defendem nosso organismo, sendo especializados em fagocitar células invasoras; os macrófagos, após fagocitarem células invasoras, apresentam-nas aos linfócitos B, que produzem anticorpos. Os linfócitos T citotóxicos, ou linfócitos CD8, são especializados em reconhecer e matar as células corporais alteradas, como as infectadas por vírus. Outros linfócitos, os linfócitos T auxiliadores ou linfócitos CD4, comandam parte da resposta imunitária. Eles recebem informações dos macrófagos sobre a presença de invasores do corpo e coordenam os linfócitos B e os linfócitos T citotóxicos a combatê-los.

O corpo pode ser imunizado por vacinas (o que é denominado imunização ativa), que consiste na disponibilização de pedaços de células ou de microrganismos atenuados para imunizar o corpo e estimular a formação de células de memória. Soros também podem ser usados (chamados de imunização passiva) em casos onde o corpo não responde na velocidade adequada ao antígeno.

▶ RESPIRAÇÃO

O sistema respiratório humano é composto de vias respiratórias, pulmões e alvéolos. Essas vias permitem que o ar seja captado do ambiente, chegue aos alvéolos nos pulmões e ocorra a **hematose**, que é a troca de gases por difusão entre o ar e o sangue que chega aos alvéolos, e é devolvido ao ambiente após essa troca. Na hematose que ocorre nos alvéolos pulmonares, o corpo humano capta o gás oxigênio do ar e libera gás carbônico para o ambiente.

No sangue, o O_2 é transportado, em sua maior parte, ligado à hemoglobina das hemácias, embora uma parte seja diluída no sangue. Já o CO_2 é transportado, em sua maior parte, diluído no sangue. Essa molécula participa da seguinte reação no sangue:

$$CO_2 + H_2O \rightleftharpoons \langle H_2CO_3 \rangle \rightleftharpoons H^+ + HCO_3^-$$

gás carbônico — água — ácido carbônico — íon hidrogênio — íon bicarbonato

Grande parte do CO_2 é transportada no sangue na forma de íons bicarbonato, HCO_3^-. Ele afeta a regulação do pH sanguíneo, acidificando-o.

▶ EXCREÇÃO

O sistema urinário humano é constituído de dois rins, dois ureteres, uma bexiga e uma uretra. Sua função é filtrar o sangue e eliminar excretas pela urina, que é o líquido resultante da filtragem sanguínea. Esse processo acontece nos **néfrons**, estruturas que ficam nos rins.

Nos néfrons, há filtração do sangue e depois reabsorção, por transporte ativo, de diversos íons e moléculas, além de água. Dessa forma, o volume de água na urina formada é baixo. Ela é armazenada na bexiga e segue para o meio externo pela uretra.

O **hormônio antidiurético** (ADH) regula a formação de urina. Ele é produzido no hipotálamo e armazenado na glândula hipófise, de onde é lançado na corrente sanguínea. O ADH tem a função de aumentar a permeabilidade nos dutos coletores renais, o que aumenta a reabsorção da água e diminui a pressão osmótica do sangue.

▶ COORDENAÇÃO NERVOSA E SENTIDOS

O sistema nervoso coordena células-alvo por impulsos nervosos, conduzidos pelos neurônios. O **impulso nervoso** é um sinal rápido e unidirecional que se caracteriza pela inversão de polaridade na membrana do neurônio, provocada por um estímulo, e que se propaga ao longo dessa célula. Essa mudança ocorre com a entrada de íons sódio (Na$^+$) no neurônio e a saída de íons potássio (K$^+$) através de canais na membrana, por um mecanismo ativo conhecido como **bomba de sódio-potássio**. A cada três íons Na$^+$ bombeados para o meio extracelular, apenas dois íons de K$^+$ são bombeados para o meio intracelular, causando uma alteração de carga elétrica no interior da célula. Quando isso ocorre, o neurônio troca de polaridade e fica com o potencial elétrico negativo, em um processo denominado despolarização. Esse processo é propagado pelo neurônio, como um impulso.

A **bainha de mielina** recobre o neurônio e atua como isolante elétrico, sendo secretada pelas células de Schwann. Por causa da propriedade isolante da bainha de mielina, a despolarização do neurônio "salta" diretamente de um módulo para o outro, sendo chamada de condução saltatória, o que causa o aumento da velocidade de impulso.

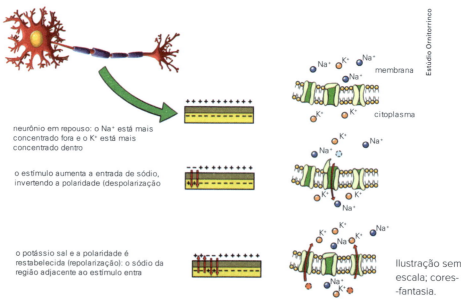

Ciclo de vida da *A. lumbricoides*.

O sistema de órgãos que recebe estímulos, interpreta-os e transforma-os em impulsos nervosos é o sistema nervoso. Anatomicamente, o sistema nervoso pode ser organizado em sistema nervoso nentral (SNC) e sistema nervoso periférico (SNP). O sistema nervoso central é constituído pelo encéfalo e pela medula espinal. O encéfalo encontra-se no interior da caixa craniana e é formado por cérebro (telencéfalo), hipotálamo (diencéfalo), hipófise, cerebelo (metencéfalo) e bulbo raquidiano (mielencéfalo), e processa estímulos e elabora respostas. O sistema nervoso periférico compreende os nervos (sensoriais e motores) e os receptores (sentidos).

Fisiologicamente, o sistema nervoso periférico compreende o sistema nervoso somático (SNS) e o sistema nervoso autônomo (SNA), também conhecido por sistema nervoso vegetativo. De modo geral, o SNS está ligado a ações voluntárias, e o SNA a respostas involuntárias.

A medula espinal é um órgão tubular envolvido e protegido pelas vértebras, que têm como função a ligação do encéfalo com o restante do corpo, além de ser o centro do reflexo. Reflexos que não envolvem o encéfalo são inconscientes, como o arco-reflexo.

Os sentidos envolvem estruturas que captam estímulos ambientais (luz, moléculas, pressão etc.) e os encaminham para centros de resposta. Os cinco sentidos humanos são visão, audição, tato, paladar e olfato.

▶ COORDENAÇÃO HORMONAL

A coordenação hormonal é feita pelo sistema endócrino, formado por órgãos produtores de hormônios, substâncias que regulam diversas funções do corpo. Os **hormônios** são substâncias liberadas por glândulas em pequenas quantidades e afetam a atividade de células de outro local. Eles são liberados por glândulas endócrinas, que os liberam para dentro do corpo, ou exócrinas, que os liberam para fora do corpo.

A hipófise (ou pituitária) é uma glândula que apresenta duas partes. Os hormônios liberados pelo lobo posterior, conhecido como neuro-hipófise, são: a **ocitocina** e o **hormônio antidiurético** (ADH). A ocitocina estimula as contrações uterinas, que aceleram o parto.

Os hormônios liberados pelo lobo anterior da hipófise, denominado adeno-hipófise, são: **gonadotrofinas** (FSH e LH), **tireotrofina** (TSH), **adrenocorticotrofina** (ACTH), **somatotrofina** e **prolactina**. Os hormônios trópicos ou tróficos (gonadotrofinas, tireotrofina), produzidos pela hipófise, estimulam o funcionamento de outras glândulas endócrinas.

O hormônio folículo estimulante (FSH) e o hormônio luteinizante (LH), genericamente conhecidos por gonadotrofinas, agem sobre as gônadas. O hormônio estimulante da tireoide (TSH), ou tireotrofina, controla o funcionamento da tireoide. O hormônio adrenocorticotrófico (ACTH) regula a produção de hormônios do córtex da suprarrenal. A prolactina atua nas glândulas mamárias, estimulando a produção de leite. A somatotrofina ou hormônio do crescimento regula o crescimento corpóreo.

A tireoide é controlada pelo TSH (hormônio hipofisário) e produz os hormônios **T3** (tri-iodotironina), **T4** (tetraiodotironina ou tiroxina) e **calcitonina**. A calcitonina diminui a concentração de cálcio no sangue e assim promove maior deposição desse elemento nos ossos. A tiroxina regula o metabolismo das células do corpo. Para produzir tiroxina e T3, a tireoide consome iodo, que geralmente é ingerido com sal iodado.

As glândulas paratireoides são dois pares de glândulas endócrinas encaixadas na glândula tireoide (na parte posterior). Elas produzem **paratormônio**, cuja função é regular os níveis de fosfato e cálcio no sangue.

As suprarrenais (ou adrenais) são duas glândulas posicionadas sobre os rins. Elas têm uma porção cortical, mais externa, e uma porção medular. Produzem os hormônios **cortisol** e **aldosterona**, que regulam o metabolismo de carboidratos e lipídios e o equilíbrio hídrico. Elas também produzem **adrenalina**, liberada em situações de estresse, cuja atividade principal é a adaptação do organismo às situações de emergência.

O pâncreas é uma glândula mista, pois tem uma porção exócrina, ou seja, produz sucos digestivos que são lançados diretamente no intestino, e uma porção endócrina, que produz hormônios. A parte endócrina é composta pelas ilhotas de Langerhans, que produzem dois hormônios, a **insulina (que estimula a absorção de glicose do sangue pelo fígado)** e o **glucagon (que estimula a liberação de glicose do fígado para o sangue).**

Algumas glândulas endócrinas possuem um processo regulador e controlador denominado **retroalimentação** ou *feedback*. Nesse processo, a produção de um hormônio inibe sua produção ou estimula a produção de outro com efeito antagônico.

Exercícios

1. (UPM-SP) Vários distúrbios neurológicos são devidos a alterações na ação de neurotransmissores. A respeito dessas substâncias, é correto afirmar que:

   a) sua ação sempre depende da existência de receptores na membrana.

   b) não podem ser reabsorvidas uma vez secretadas, sendo necessária a sua destruição.

   c) sempre são capazes de provocar um potencial de ação em um neurônio.

   d) são sempre lançadas no espaço entre um axônio e um dendrito.

   e) a intensidade da resposta não depende da quantidade dessas substâncias lançadas na sinapse.

2. (Unesp-SP) Na figura, uma demonstração feita com garrafa pet, tubos e balões de borracha simula o funcionamento do sistema respiratório humano.

   (http://rede.novaescolaclube.org.br)

   Sobre o sistema respiratório humano e as estruturas que o representam na demonstração, é correto afirmar que

   a) o movimento da mão esticando a borracha corresponde ao relaxamento do diafragma, em resposta a estímulos de quimiorreceptores localizados no bulbo, que detectam a baixa concentração de O_2 no sangue e promovem a inspiração.

   b) o movimento da mão esticando a borracha corresponde à contração do diafragma, por ação do bulbo quando o pH do sangue circulante diminui em razão da formação de ácido carbônico no plasma.

   c) a garrafa pet corresponde à pleura, membrana dupla que envolve os pulmões e que apresenta quimiorreceptores sensíveis à variação de O_2 e CO_2 nos capilares alveolares, desencadeando os movimentos de inspiração e expiração.

   d) a garrafa pet corresponde à parede da caixa torácica que, ao manter o volume torácico constante, permite que os pulmões, representados pelos balões, se inflem na inspiração e se esvaziem na expiração, expulsando o ar rico em CO_2.

   e) os tubos que penetram na garrafa correspondem à traqueia e aos brônquios que, embora não apresentem movimentos de contração e relaxamento, favorecendo a movimentação do ar nas vias respiratórias, possuem válvulas que impedem a mistura do ar rico em O_2 com o ar rico em CO_2.

3. (Uerj) Observe as figuras a seguir, que relacionam pressão sanguínea e pressão osmótica em quatro diferentes condições ao longo da extensão de um vaso capilar.

   Na extremidade arterial (PA) do vaso capilar, a pressão sanguínea é maior que a pressão osmótica, e o líquido sai do interior do capilar para os tecidos, ocorrendo o fluxo oposto na extremidade venosa desse vaso, onde a pressão sanguínea venosa (PV) é menor que a osmótica.

   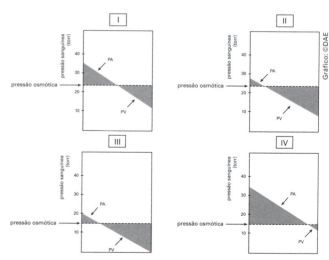

Considere um quadro de desnutrição prolongada, em que um indivíduo apresenta baixa concentração de proteínas no sangue.

A representação mais adequada da relação entre a pressão sanguínea e a osmótica ao longo do capilar desse indivíduo corresponde à figura de número:

a) I
b) II
c) III
d) IV

4. (PUC-PR) O pâncreas é uma glândula mista que apresenta regiões de função endócrina denominadas de ilhotas de Langerhans; nessas ilhotas existem células alfa produtoras de glucagon, células beta produtoras de insulina, células delta que produzem somatostatina e células PP, que produzem um polipeptídeo pancreático. É conhecido que a insulina e o glucagon atuam regulando a glicemia (taxa de glicose no sangue). Os hormônios agem através de receptores específicos de alta afinidade. Um dos distúrbios típicos de glicemia é a diabetes *mellitus*, tipo I (diabetes *mellitus* insulinodependente) e tipo II (as células são resistentes à ação da insulina). O controle da glicemia ocorre da seguinte maneira:

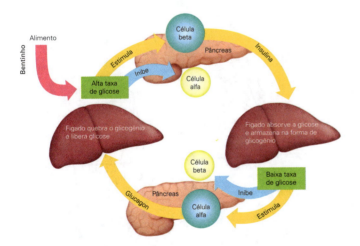

Suponha que uma pessoa seja diabética tipo I e não esteja fazendo o controle da doença. Ela ingeriu carboidratos como amido, sacarose e lactose. Após a digestão e absorção dos carboidratos, espera-se que:

a) ocorra o bloqueio das células alfa e a estimulação das células beta, provocando a glicogenólise e a hipoglicemia.

b) seja liberado glucagon na corrente sanguínea, ocorrendo a glicogenólise e a hipoglicemia.

c) aconteça a ligação entre insulina e os receptores específicos de membrana que facilitam a entrada de glicogênio nos hepatócitos do fígado.

d) não ocorra a liberação de insulina (pelas células beta do pâncreas), promovendo hiperglicemia e gliconeogênese.

e) aconteça uma redução da sensibilidade dos tecidos à insulina, promovendo a hipoglicemia.

5. (IFSC) A digestão dos alimentos envolve processos químicos e físicos. Dentre os processos químicos, podemos citar a ação das enzimas que quebram as moléculas para serem absorvidas e, dentre os processos físicos, a deglutição, a mastigação e as contrações dos órgãos.

Quanto ao sistema digestório humano, analise as afirmações abaixo e assinale V (verdadeiro) ou F (falso):

( ) A digestão começa na boca, a partir da mastigação e da ação de enzimas presentes na saliva.

( ) O esôfago conduz os alimentos ao estômago através de movimentos peristálticos.

( ) O fígado armazena a bile, que é secretada pela vesícula biliar.

( ) A digestão se encerra no intestino grosso, pela ação do suco intestinal.

Assinale a alternativa que contém a sequência CORRETA das respostas, de cima para baixo:

a) V, F, F, V
b) V, V, V, V
c) V, V, F, F
d) F, F, V, V
e) F, V, V, F

GENÉTICA

▶ PRIMEIRA LEI DE MENDEL

A Genética é a parte da Biologia que estuda a hereditariedade, ou seja, como características são transmitidas de uma geração para outra. Também estuda a manifestação dessas características.

Gregor Mendel (1822-1884) trabalhou com ervilhas para fazer estudos sobre a transmissão de características hereditárias. A escolha de Mendel foi motivada pelas vantagens que essa planta apresentava para a realização de seu trabalho: é fácil de cultivar; existem muitas variedades de ervilhas, cujas características são facilmente identificáveis; e o ciclo de vida da planta é curto, de aproximadamente um semestre, o que possibilita a observação de várias gerações em pouco tempo. Para fazer seu trabalho, ele definiu os seguintes conceitos:

- Fator: característica a ser estudada, que posteriormente passou a ser denominada gene.
- Linhagem pura: linhagem de seres que, quando são cruzados entre si, sempre produzem descendentes iguais para uma característica.
- Linhagem parental (P) e filial (F): linhagem que será cruzada para dar origem à geração filial. A geração F_1 é descendente da linhagem parental, a F_2 é descendente de F_1, e assim sucessivamente.

Mendel cruzou organismos de linhagem pura para determinado fator, por exemplo, a cor da ervilha. Cruzou a linhagem P de um indivíduo com ervilha verde e de outro com ervilha amarela, e obteve F_1 com 100% de ervilhas amarelas. Ao cruzar indivíduos de F_1 entre si, obteve 75% dos descendentes com ervilhas amarelas e 25% com ervilhas verdes. Assim, deduziu que a característica é determinada por dois fatores, que se segregam independentemente na formação de gametas. As ervilhas-filhas receberiam um fator da mãe e outro do pai.

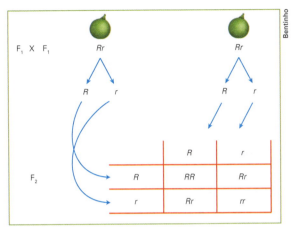

Representação de um dos cruzamentos feitos por Mendel. O fator recessivo é representado por letra minúscula e o dominante por maiúscula.

Mendel determinou dessa forma que um dos fatores era dominante, ou seja, se expressaria sozinho, enquanto outro era recessivo, só se expressaria em dose dupla. Após realizar vários desses experimentos e confirmar esse padrão, Mendel postulou o que ficou conhecido como a Primeira lei de Mendel, ou lei da segregação dos fatores. Essa lei diz que os fatores que condicionam uma característica hereditária existem aos pares e são separados durante o processo de formação de gametas.

A formação de gametas e a separação dos fatores hereditários foram relacionadas, posteriormente, com a meiose, pela teoria cromossômica da herança. Posteriormente, também foi descoberto que algumas espécies são diploides, ou seja, possuem dois cromossomos de cada tipo. Cromossomos do mesmo tipo são muito semelhantes em tamanho e estrutura, são chamados cromossomos homólogos, e cada um do par de homólogos se distribui aleatoriamente na meiose.

Descobriu-se que o DNA dos cromossomos era o material hereditário. O que Mendel chamou de fatores hereditários atualmente é conhecido como o alelo de um gene, uma sequência de nucleotídeos do DNA geralmente responsável pela síntese de uma proteína, e alelos são as formas alternativas desse gene, que geralmente codificam proteínas diferentes. Em um organismo diploide existem dois alelos de cada gene. Cada alelo está em um dos cromossomos do par de homólogos. Se esses alelos forem iguais, o organismo será considerado homozigoto, e, se forem diferentes, será heterozigoto.

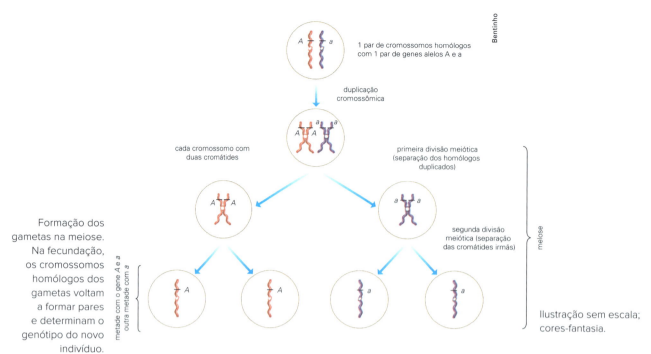

Formação dos gametas na meiose. Na fecundação, os cromossomos homólogos dos gametas voltam a formar pares e determinam o genótipo do novo indivíduo.

Fonte: GRIFFITHS, A. J. F. et al. *Introduction to genetic analysis*. 9. ed. Nova York: Freeman and Company, 2008.

Os genes de um organismo definem seu genótipo. A expressão desses genes, ou seja, como eles se manifestam no organismo, é o seu fenótipo. O fenótipo sofre influência ambiental, podendo diferir do genótipo.

Existem heranças diferentes da dominância e da recessividade. Quando o fenótipo do heterozigoto é a soma da expressão dos dois alelos transmitidos pelos genitores com fenótipos diferentes, diz-se que esses genes são codominantes. Já a dominância incompleta ocorre quando o heterozigoto expressa uma condição intermediária entre os dois fenótipos homozigóticos. Determinados genes provocam desenvolvimento anormal do organismo, de tal modo que o indivíduo não consegue sobreviver. Esses genes são denominados genes letais ou alelos letais e alteram a proporção de organismos gerados.

▶ SEGUNDA LEI DE MENDEL

Mendel também fez estudos para estudar a distribuição de dois pares de fatores nos descendentes. Para isso, estipulou que eles deveriam se separar ao acaso.

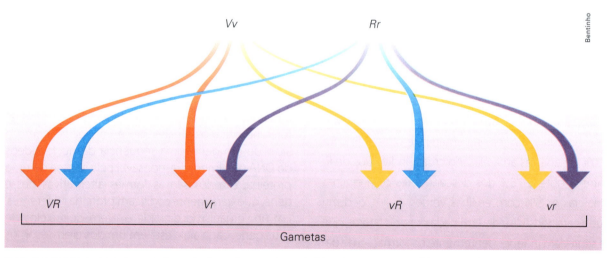

Cada par de fatores se segrega independentemente, ou seja, cada fator de um par se combina com todos os fatores gerados por outros pares de fatores.

Caderno de revisão

O cruzamento de indivíduos duplo-heterozigoto para os dois pares de fatores leva a uma proporção 9 (com pelo menos um alelo dominante em cada par): 3 (com um dos pares tendo um alelo dominante e o outro recessivo): 3 (com o outro par com um alelo dominante e o outro duplo recessivo): 1 (duplo recessivo nos dois pares). Essa proporção caracteriza a Segunda lei de Mendel, em que os fatores que condicionam determinada característica se separam na formação dos gametas e são transmitidos para as gerações seguintes, independentemente dos fatores que condicionam outras características. Isso é válido enquanto os genes estiverem em cromossomos diferentes. Esses fatores também se segregam independentemente na meiose.

Nem sempre um gene apresenta dois alelos. Polialelia (ou alelos múltiplos) consiste em um conjunto de três ou mais tipos diferentes de alelos de genes para a mesma característica, como o sistema sanguíneo ABO.

Os genes possuem diversas funções que ainda estão sendo elucidadas pela ciência. Além de coordenarem a síntese de proteínas, eles têm funções regulatórias nas células. A epistasia, por exemplo, é um tipo de interação gênica que consiste na inibição de alelos de um gene por outro não alelo. O gene que inibe é chamado de epistático, e o inibido de hipostático. Os genes epistático e hipostático apresentam segregação independente entre si, localizando-se, portanto, em cromossomos diferentes.

Probabilidades ajudam a trabalhar com genética. A probabilidade de um evento é calculada pelo número de eventos de interesse em razão do número total de eventos. Quando se está calculando a probabilidade de eventos independentes, deve-se multiplicar as probabilidades de todos os eventos. Já no caso de eventos excludentes, devem-se somar essas probabilidades.

▶ HERANÇAS GENÉTICAS E INTERAÇÃO GÊNICA

Nos animais, o sexo é determinado pelos cromossomos sexuais. No sistema XY, o sexo homogamético (XX) é o feminino, e o heterogamético (XY) é o masculino. Esse tipo de sistema está presente em seres humanos. No ZW, o sexo homogamético (ZZ) é o masculino e o heterogamético (ZW) é o feminino. Existem outros sistemas de determinação do sexo. Na partenogênese, por exemplo, o indivíduo diploide é feminino e o haploide (óvulo não fecundado) é o masculino.

Os alelos gênicos presentes na região não homóloga (região diferente) dos cromossomos sexuais não pareiam, assim sua distribuição é diferente da esperada pelas leis de Mendel. Um alelo recessivo localizado no cromossomo X, por exemplo, manifesta-se estando presente em um indivíduo do sexo masculino, mesmo que não esteja pareado. Os genes presentes na região não homóloga do cromossomo X apresentam padrão de herança chamado herança ligada ao X ou herança ligada ao sexo. Já os genes localizados no cromossomo Y apresentam o padrão de herança ligada ao Y, também chamada herança restrita ao sexo ou herança holândrica.

As fêmeas de mamíferos possuem dois cromossomos X, enquanto os machos possuem apenas um. No entanto, esse fato não causa diferença nos padrões de expressões genéticas, pois as células das fêmeas têm um mecanismo de compensação de dose: apenas um de seus cromossomos X é ativo; o outro tem a maioria dos genes inativados. A estrutura formada por esse cromossomo inativo é denominada corpúsculo de Barr ou cromatina sexual. Essa inativação ocorre aleatoriamente nas células, no início da vida embrionária.

Alguns mecanismos de herança apresentam fenótipos gradativos, e os efeitos dos genes vão se somando. Os genes desse tipo de herança são denominados poligenes, e a herança é denominada herança quantitativa.

Genes no mesmo cromossomo

Quando genes estão no mesmo cromossomo, eles não se segregam independentemente. Casos como esse são chamados genes ligados, *linkage* ou ligação fatorial. Para diferenciar a posição dos alelos, existem duas denominações: a configuração *cis*, quando os dois dominantes estão no mesmo cromossomo, e a configuração *trans*, quando no cromossomo um gene é dominante e o outro é recessivo.

Mesmo quando os genes estão no mesmo cromossomo, pode ocorrer recombinação, conforme foi visto no estudo da meiose. A variação nesses cromossomos é conhecida como recombinação gênica ou *crossing-over*. Nesse tipo de caso, podem-se formar dois tipos de gameta: os parentais, que apresentam os genes ligados do mesmo modo que na célula-mãe e estão em maior proporção, e os recombinantes, com configuração diferente da que está na célula-mãe e em menor proporção. Esse tipo de herança não segue os padrões determinados nas leis de Mendel.

Exercícios

1. (PUC-RJ) O albinismo é uma condição recessiva caracterizada pela total ausência de pigmentação (melanina) na pele, nos olhos e no cabelo. Na figura, um casal (A e B) planeja ter um filho (C).

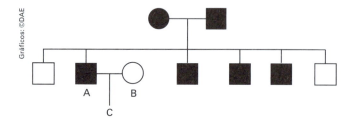

Sabendo que B (mãe) é albina e A (pai) tem irmãos albinos, a probabilidade de A ser portador do alelo para o albinismo e de C ser albino é, respectivamente:

a) 1/4 e 1/8
b) 2/3 e 1/3
c) 1/4 e 1/2
d) 1/3 e 1/6
e) 1/2 e 1/2

2. (Uerj) A hemofilia A, uma doença hereditária recessiva que afeta o cromossoma sexual X, é caracterizada pela deficiência do fator VIII da coagulação. Considere a primeira geração de filhos do casamento de um homem hemofílico com uma mulher que não possui o gene da hemofilia. As chances de que sejam gerados, desse casamento, filhos hemofílicos e filhas portadoras dessa doença, correspondem, respectivamente, aos seguintes percentuais:

a) 0% – 100%
b) 50% – 50%
c) 50% – 100%
d) 100% – 100%

3. (Unesp-SP) Paulo e Mariana têm dois filhos, Júlio e Baltazar. Com relação aos tipos sanguíneos do sistema ABO, pai, mãe e os dois filhos têm, cada um deles, um tipo sanguíneo diferente. Em razão disso, pode-se afirmar corretamente que:

a) se o pai tem sangue tipo A, a mãe necessariamente tem sangue tipo B.
b) se a mãe tem sangue tipo AB, o pai necessariamente terá sangue tipo A ou tipo B.
c) se a mãe tem sangue tipo O, um dos filhos terá necessariamente sangue tipo AB.
d) se um dos filhos tem sangue tipo AB, o outro necessariamente terá sangue tipo A ou tipo B.
e) se um dos filhos tem sangue tipo O, o outro necessariamente terá sangue tipo A ou tipo B.

4. (UFJF/Pism-MG) Uma doença, de base genética, é responsável por uma má formação em patas de uma determinada espécie X, sendo o alelo recessivo "a" responsável pela doença. Uma fêmea normal Aa foi cruzada com um macho normal Aa. Qual é a probabilidade de, em 3 nascimentos, 2 serem doentes e 1 normal?

a) 9/64.
b) 27/64.
c) 5/64.
d) 1/64.
e) 4/64.

5. (Faculdade Albert Einstein – DF) No heredograma abaixo, as pessoas indicadas por II1 e III2 são afetadas por uma dada característica:

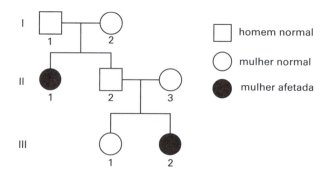

Após a análise do heredograma, é correto afirmar tratar-se de característica

a) recessiva e ligada ao sexo, e a probabilidade de o casal indicado por II2 e II3 ter uma criança do sexo masculino com a característica é de 1/2.

b) dominante e ligada ao sexo, e a probabilidade de o casal indicado por II2 e II3 ter uma criança do sexo masculino com a característica é de 1/2.

c) autossômica dominante e, supondo que a mulher indicada por II1 se case com um homem afetado pela característica, a probabilidade de esse casal ter filhos com a característica é de 3/4.

d) autossômica recessiva, e a probabilidade de a mulher indicada por III1 ser heterozigótica é de 2/3.

6. (UFRGS-RS) No milho, grãos de coloração púrpura são dominantes em relação a amarelos, e grãos cheios são dominantes em relação a murchos. Do cruzamento entre duas plantas, foi obtida uma prole com as seguintes proporções: 25% de grãos púrpura e cheios; 25% de grãos amarelos e cheios; 25% de grãos púrpura e murchos; 25% de grãos amarelos e murchos.

Sabendo que uma das plantas parentais era totalmente homozigota, assinale a alternativa correta.

a) Os dois genes citados não estão segregando de forma independente.
b) A planta homozigota era dominante para as duas características.
c) Uma das plantas parentais era heterozigota para as duas características.
d) A prole seria mantida na proporção 1: 1: 1: 1, se as duas plantas parentais fossem duplo heterozigotas.
e) Os resultados obtidos são fruto de recombinação genética.

7. (Udesc) Em uma espécie de inseto, o tamanho e a formação das asas são determinados geneticamente. O gene que "determina o tamanho das asas" (longas, curtas ou intermediárias) possui dois alelos sem relação de dominância entre si. O gene que determina o desenvolvimento das asas também possui dois alelos; o dominante determina o aparecimento das asas, o recessivo a ausência destas. Vários casais de insetos, duplo heterozigoto, são cruzados e obtém-se um total de 2 048 descendentes.

Assinale a alternativa que indica, deste total, o número esperado de insetos com asas intermediárias.

a) 128 insetos
b) 384 insetos
c) 768 insetos
d) 512 insetos
e) 1024 insetos

8. (Fatec-SP) Durante a Idade Média, era comum o procedimento chamado de transfusão braço a braço, no qual uma pessoa tinha uma de suas artérias do braço conectada diretamente, por meio de um tubo, à veia de outra pessoa. Muitos pacientes faleciam ao receber a transfusão de sangue dessa forma, devido ao desconhecimento, na época, das complicações relacionadas à incompatibilidade de sangues no sistema ABO.

Considere que um médico desse período estivesse com um paciente necessitando urgentemente de uma transfusão de sangue e que havia cinco indivíduos à disposição para fazer a doação, via transfusão braço a braço. Suponha que os tipos sanguíneos das pessoas envolvidas nessa situação eram os seguintes:

	Tipo sanguíneo
Paciente	A
Indivíduo 1	O
Indivíduo 2	AB
Indivíduo 3	B
Indivíduo 4	B
Indivíduo 5	A

Se o médico tivesse de escolher, aleatoriamente, um dos cinco indivíduos para realizar a transfusão, a probabilidade de que o paciente recebesse um sangue compatível, com relação ao sistema ABO, seria de

a) 20%
b) 40%
c) 60%
d) 80%
e) 100%

9. (Uerj) Admita uma raça de cães cujo padrão de coloração da pelagem dependa de dois tipos de genes. A presença do alelo *e*, recessivo, em dose dupla, impede que ocorra a deposição de pigmento por outro gene, resultando na cor dourada. No entanto, basta um único gene *E*, dominante, para que o animal não tenha a cor dourada e exiba pelagem chocolate ou preta. Caso o animal apresente um alelo *E* dominante e, pelo menos, um alelo *B* dominante, sua pelagem será preta; caso o alelo *E* dominante ocorra associado ao gene *b* duplo recessivo, sua coloração será chocolate. Observe o esquema.

ee ─ bb → pelagem dourada
    └ BB ou Bb → pelagem dourada

EE ou Ee ─ bb → pelagem chocolate
         └ BB ou Bb → pelagem preta

Identifique o tipo de herança encontrada no padrão de pelagem desses animais, justificando sua resposta.

Em seguida, indique o genótipo de um casal de cães com pelagem chocolate que já gerou um filhote dourado. Calcule ainda a probabilidade de que esse casal tenha um filhote de pelagem chocolate.

10. (UFJF/Pism-MG) Em uma espécie vegetal, com flores coloridas e grandes frutos carnosos comestíveis, descoberta recentemente por um botânico, a distância entre dois *loci* gênicos A e B é de 13 unidades. Pergunta-se:

a) Quais são as porcentagens em que se segregam os gametas de um genótipo AB/ab?

b) Quais são os gametas recombinantes?

c) Se o indivíduo citado (AB/ab) for cruzado com um duplo-recessivo, como serão os genótipos dos descendentes e em que proporção aparecerão?

11. (Udesc) A *Drosophila melanogaster* (mosca de frutas) possui em um dos seus cromossomos dois genes (A e B) que se encontram a uma distância de 28 U.R (Unidades de recombinação). Considere um macho desta espécie com o genótipo AaBb em posição *trans*. Espera-se que ele produza espermatozoides com os genes AB, em um percentual de:

a) 33%
b) 25%
c) 50%
d) 75%
e) 14%

BIOLOGIA MOLECULAR

▶ O DNA COMO MATERIAL HEREDITÁRIO

Diversos experimentos indicaram que o DNA é o material hereditário. Ao longo do tempo, diversos outros fatos sobre ele e sobre o RNA foram descobertos.

- Foi descoberto o RNA de interferência (RNAi), que não participa da síntese proteica, mas da regulação de processos celulares.

- O DNA apresenta regiões que não codificam RNA, mas estão relacionadas à regulação de processos.

- Um RNAm apresenta regiões que não serão traduzidas, denominadas íntrons, e que serão traduzidas, chamadas éxons. Assim, no *splicing* do RNA, um processo de amadurecimento do RNA que ocorre antes da tradução, os íntrons são eliminados, formando uma sequência apenas de éxons. Esse *splicing* pode ser feito de diversas formas, indicando que um RNA pode ser traduzido em mais de uma proteína.

- Algumas moléculas de RNA, denominadas ribozimas, podem funcionar como enzimas.

Por causa dessas e de outras descobertas, o conceito atual de gene é impreciso e, geralmente, gene é definido como um pedaço de DNA que gera um RNA.

▶ MUTAÇÕES E GENOMA

Uma mutação no DNA é uma alteração na sequência de seus nucleotídeos que ocorre com consequente modificação na ordem das bases nitrogenadas. Isso pode alterar processos regulatórios, alterar a conformação primária de proteínas ou ter efeito nulo. As mutações podem gerar variabilidade genética, já que têm o potencial de criar novos alelos que não estavam presentes no organismo ou até mesmo na espécie em questão.

As mutações ocorrem ao acaso, ou seja, não acontecem em pontos específicos do DNA nem mesmo para adequar um organismo a alguma atividade. Algumas mutações são denominadas mutações cromossômicas numéricas, classificadas em aneuploidia e euploidia. A aneuploidia consiste na variação numérica de cromossomos que estão em quantidade inferior ao padrão haploide para determinado organismo. Já a euploidia consiste na variação numérica de cromossomos quando eles estão em quantidade maior do que o padrão para determinada espécie.

Agentes mutagênicos são fatores físicos ou químicos capazes de aumentar a taxa de mutação dos organismos, como certas substâncias e os raios UV. Alguns hábitos, como o tabagismo, aumentam a exposição a esses fatores.

As mutações no DNA são um fenômeno comum, mesmo sem a influência de fatores mutagênicos ambientais. Quando ocorre uma mutação, seu efeito pode ser ampliado, pois uma molécula de DNA alterada pode ser utilizada para sintetizar novas moléculas de DNA, criando diversas moléculas mutantes. Porém, existem mecanismos de reparo do DNA que dificultam a fixação de uma mutação.

O genoma de um organismo é toda a informação hereditária contida no seu material genético. Cada espécie tem seu genoma, e os indivíduos de uma espécie não possuem todo o genoma dela. Nos últimos anos, diversos organismos tiveram seu genoma sequenciado e percebeu-se que não há relação entre o número de genes e a complexidade de um organismo. Esse sequenciamento permite conhecer melhor os organismos, suas interações e doenças, entre outros fatores.

BIOTECNOLOGIA E SUAS APLICAÇÕES

Biotecnologia significa qualquer aplicação tecnológica que utilize sistemas biológicos, organismos vivos ou seus derivados para fabricar ou modificar produtos ou processos, para utilização específica.

A biotecnologia abrange desde atividades desenvolvidas há milhares de anos até atividades mais recentes. Técnicas de produção de alimentos fermentados, como pão, queijo, vinho e cerveja, são milenares e eram utilizadas sem conhecimento sobre o processo de fermentação e os organismos que a realizavam. Atualmente, existem organismos com características que são alteradas por processos biotecnológicos para que realizem esse tipo de processo com mais eficiência.

Engenharia Genética é um conjunto de técnicas que permite estudar e manipular o genoma dos organismos e a sua expressão. Ela possibilita, por exemplo, que um gene de interesse em um indivíduo seja separado e transplantado para o material genético de outro indivíduo, de forma que esse gene se expresse. Dessa maneira, são criados organismos geneticamente modificados (OGM). Se um organismo receber genes de outra espécie, ele se tornará um organismo transgênico.

Diversas dessas técnicas utilizam enzimas de restrição, moléculas que ajudam a romper cadeias de DNA em um trecho específico. Para unir os trechos de DNA, são utilizadas proteínas denominadas ligases do DNA. Esse novo trecho artificial de DNA é chamado DNA recombinante. A transferência de gene de um ser para outro exige a participação de um vetor, um agente transmissor que recebe o gene de interesse e pode transmiti-lo a uma ou a diversas células de um organismo.

Testes de paternidade também são feitos com técnicas de Engenharia Genética. Como a maior parte do DNA é igual em seres humanos, são selecionados marcadores genéticos – quaisquer variações na sequência do DNA de um ser vivo que o diferencie de outro indivíduo – para serem comparados. Primeiro, o DNA é extraído de células, depois ele passa pelo procedimento de reação de amplificação em cadeia de polimerase, ou PCR (do inglês *polimerase chain reaction*). Por meio dessa técnica, sequências específicas ligam-se aos marcadores de interesse e começam a replicá-los, gerando inúmeras cópias. Essas cópias então são submetidas à eletroforese, procedimento que separa os pedaços de DNA de acordo com seus tamanhos e sua carga elétrica. Por fim, os resultados da eletroforese são comparados e pode-se determinar a paternidade.

Clonagem é o procedimento em que são produzidos clones, organismos com genótipos idênticos. Esse tipo de técnica é empregado há milênios pela humanidade. Em 1996, um grupo de pesquisa liderado por Ian Wilmut (1944-) produziu o clone de um mamífero adulto, uma ovelha chamada Dolly. O processo consistiu em transferir o núcleo de uma célula adulta de ovelha para um ovócito de outra ovelha. O núcleo desse ovócito foi retirado antes de receber o núcleo da outra célula. Após a transferência, o óvulo foi implantado no útero de uma terceira ovelha, desenvolveu-se e gerou a ovelha Dolly, um clone da ovelha que teve uma célula adulta retirada.

Terapia gênica é uma estratégia que utiliza a técnica de transferência de material genético para modificar o genoma de algumas ou de todas as células de um organismo. Seu objetivo é, por meio da modificação do genoma, curar ou melhorar a condição de pessoas com doenças genéticas. O melhoramento genético é um processo realizado para aumentar a frequência de alelos desejados em determinado organismo. A humanidade, de modo geral, vem praticando o melhoramento desde que começou a domesticar as espécies, fazendo cruzamentos entre seres vivos para gerar descendentes com as características desejadas. Atualmente, genes de interesse podem ser inseridos em organismos por meio de técnicas de Engenharia Genética.

Exercícios

1. (Fuvest-SP) A hemoglobina, proteína responsável pelo transporte de oxigênio dos pulmões para os tecidos do corpo, é produzida nas células precursoras das hemácias. A anemia falciforme é uma doença genética causada por alteração da hemoglobina. É determinada por mutação no gene HBB, que leva à substituição de um aminoácido: no lugar de um ácido glutâmico, a proteína tem uma valina.

    De células da mucosa bucal de uma pessoa com anemia falciforme, foram obtidos:

    - DNA do genoma total (DNA genômico) e
    - RNA mensageiro, que serviu de molde para a síntese do DNA complementar, pelo processo de transcrição reversa (RNA → DNA).

    a) A base nitrogenada trocada, que levou à substituição do aminoácido na hemoglobina, pode ser detectada no DNA complementar obtido a partir das células da mucosa bucal? Justifique sua resposta.

    b) Essa troca de bases pode ser detectada no DNA genômico obtido a partir das células da mucosa bucal? Justifique sua resposta.

2. (UFPR) Desastres em usinas nucleares, como os ocorridos em Chernobyl (1986) e Fukushima (2011), geram preocupação devido às grandes quantidades de material radioativo lançadas no ambiente. A radiação produz mutações, tendo efeitos sobre a hereditariedade. No caso das células do sistema reprodutor masculino, a duração dos efeitos depende do estágio da espermatogênese afetado pela radiação, podendo haver menor ou maior chance de a mutação causar efeitos transgeracionais (aparecer nas gerações futuras). O efeito da radiação será mais duradouro e será mais provável a observação de efeitos transgeracionais se a mutação ocorrer:

    a) nos espermatozoides.
    b) nas espermátides.
    c) nas espermatogônias.
    d) nos espermatócitos I.
    e) nos espermatócitos II.

3. (Udesc) A partir da mostarda selvagem (*Brassica oleracea*), o homem conseguiu obter novas variedades de plantas, conforme mostra a figura abaixo.

    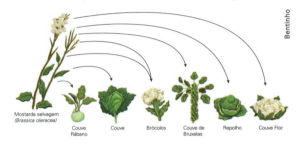

    Em relação a este tema, analise as proposições.

    I. A partir da mostarda selvagem, por transferência de genes (organismos transgênicos), são obtidas plantas como a couve, o brócolos e o repolho.
    II. Para Charles Darwin, o repolho, a couve-de-bruxelas, a couve-flor seriam exemplos de seleção artificial.
    III. Pela figura é possível observar que, a partir de determinadas partes da mostarda selvagem, pela manipulação gênica, são obtidas novas variedades da planta.
    IV. Pelo melhoramento genético é que são produzidas estas novas variedades de plantas.
    V. Para Gregor Mendel essas variantes seriam um exemplo de como, pelos processos de hibridização, são obtidas novas espécies.

    Assinale a alternativa correta:

    a) Somente as afirmativas I e III são verdadeiras.
    b) Somente as afirmativas I, III e IV são verdadeiras.

Exercícios

c) Somente as afirmativas II e IV são verdadeiras.
d) Somente as afirmativas II e V são verdadeiras.
e) Somente as afirmativa I e V são verdadeiras.

4. (Unicamp-SP) *Aedes aegypti* modificados (transgênicos) têm sido utilizados no combate à dengue. Esses mosquitos produzem uma proteína que mata seus descendentes ainda na fase de larva. Mosquitos machos modificados são soltos na natureza para procriar com fêmeas nativas, mas os filhotes resultantes desse cruzamento não sobrevivem. É possível monitorar a presença de ovos resultantes do cruzamento de machos modificados com fêmeas nativas a partir da luz fluorescente emitida pelos ovos.

   a) Descreva o princípio da técnica utilizada para produzir os mosquitos modificados.
   b) Por que os ovos resultantes do cruzamento dos machos modificados com fêmeas nativas emitem luz fluorescente? O que é preciso fazer com os ovos para saber se eles emitem luz fluorescente?

5. (UEG-GO) A parte endócrina do pâncreas é formada pelas ilhotas pancreáticas, que contêm dois tipos de células: beta e alfa. As células betas produzem a insulina, hormônio peptídico que age na regulação da glicemia. Esse hormônio é administrado no tratamento de alguns tipos de diabetes. Atualmente, através do desenvolvimento da engenharia genética, a insulina administrada em pacientes diabéticos é, em grande parte, produzida por bactérias que recebem o segmento de

   a) peptídeo e transcrevem para o DNA humano a codificação para produção de insulina humana.
   b) RNA mensageiro e codificam o genoma para produção da insulina da própria bactéria no organismo humano.
   c) plasmídeo da insulina humana e codificam o genoma agregando peptídeos cíclicos no organismo humano.
   d) DNA humano responsável pela produção de insulina e passam a produzir esse hormônio idêntico ao da espécie humana.

6. (PUC-PR) Entre os diferentes seres vivos existe uma diferença entre a quantidade de pares de bases de DNA por célula. De um modo geral, existe um incremento de DNA à medida que se progride na escala evolutiva. A discrepância da quantidade de DNA entre os organismos vivos é denominada de paradoxo do valor C. O paradoxo do valor C é uma consequência direta da comprovação de que a quantidade de DNA nas células dos vertebrados está acima do teor mínimo necessário para armazenar a informação genética da espécie. O gráfico a seguir mostra a relação de conteúdo de DNA encontrado em diferentes organismos.

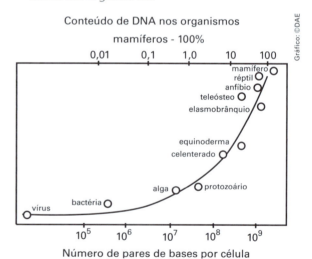

Conteúdo de DNA encontrado na árvore filogenética. (Dados de Hood, L. E. et. al. Molecular Biology of Eucariotic Cells. Benjamin Publ., 1975.)

De acordo com o texto, conclui-se que o paradoxo do valor C diz respeito ao fato de que:

a) a maior parte do genoma de uma célula eucariota não é funcional ou apresenta outras funções que não a codificação de proteínas.

b) organismos procariontes apresentam um menor número de pares de bases que organismos eucariontes.

c) peixes apresentam um maior número de pares de bases que os répteis.

d) a proporção de pares de bases com atividade de biossíntese de proteínas, quando o animal se tratar de um mamífero, é de aproximadamente 100%.

e) no decorrer das mudanças evolutivas, na escala filogenética, houve um aumento na quantidade de DNA transcrito.

7. (Unifesp) As figuras representam os resultados de dois exames de DNA em que as amostras de DNA dos envolvidos são fragmentadas com enzimas específicas e submetidas à eletroforese, gerando um padrão de faixas ou "bandas".

A situação 1 refere-se a um caso de investigação de paternidade: o suposto pai deseja saber se a criança é, de fato, seu filho biológico.

A situação 2 refere-se a uma investigação criminal: na cena do crime foram encontradas manchas de sangue e o delegado precisa saber se o sangue é da vítima, de um indivíduo apontado como suspeito de ser o criminoso ou de uma terceira pessoa não identificada até o momento.

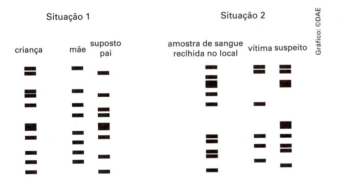

A partir da análise dos resultados, responda:

a) A criança é filho biológico do suposto pai? Justifique sua resposta.

b) A amostra de sangue recolhida no local do crime é da vítima, do suspeito ou de uma terceira pessoa não identificada? Justifique sua resposta.

8. (UEG-GO) Considere, hipoteticamente, dois indivíduos humanos, conforme dados a seguir.

Pessoa A	Pessoa B
Condição: câncer de pele – detectado na paciente aos 52 anos de idade. A paciente desconhece casos de câncer de pele em familiares próximos. Relata que quando mais jovem não se protegia da exposição solar e que atualmente submeteu-se a sessões de bronzeamento artificial em câmaras de raios ultravioleta.	Condição: cegueira desde o nascimento. No primeiro mês de gestação, foi detectado que a mãe apresentou infecção pelo protozoário *Toxoplasma gondii*, causador da toxoplasmose.

Acerca dos casos apresentados pelas pessoas A e B, tem-se o seguinte:

a) o caso apresentado em A é congênito, já que não pode afetar diversos indivíduos próximos na mesma família.

b) o caso apresentado em B é hereditário, já que pode afetar diversos indivíduos aparentados por apresentarem alelos múltiplos.

c) as condições em A e B são similares em nível genético, visto que a cegueira e o câncer de pele são anomalias congênitas.

d) em B, a cegueira que se manifestou desde o nascimento caracteriza-se como congênita devido à toxoplasmose no primeiro mês de gestação.

e) em A, o câncer de pele é hereditário, resultado de mutações no DNA e RNA das células da pele, visto que ocorreu em células de linhagem germinativa.

EVOLUÇÃO

▸ EVOLUÇÃO E TEORIAS EVOLUTIVAS

O evolucionismo é uma linha de pensamento que defende a ideia de os seres vivos sofrerem mudanças ao longo de sua existência na Terra. É contrário ao fixismo, segundo o qual as espécies seriam fixas, ou seja, teriam sido criadas do modo como são hoje sem terem passado por nenhuma transformação. Jean-Baptiste-Pierre-Antoine de Monet, conhecido como Cavaleiro de Lamarck (1744-1829), propôs uma teoria sobre o mecanismo da evolução, conhecida como lamarckismo. Essa teoria se baseava nas seguintes leis:

- **Transmissão das características adquiridas**: se um organismo adquirir uma característica durante a vida, ele pode transmiti-la aos descendentes.
- **Uso e desuso**: as estruturas mais utilizadas pelos seres vivos tendem a se desenvolver, enquanto as menos utilizadas tendem a hipotrofiar e a desaparecer.
- **Tendência para o aumento da complexidade**: todos os corpos tendem a aumentar de volume.
- **Surgimento de órgãos em função de necessidades**: os hábitos e as circunstâncias da vida de um animal são capazes de moldar a forma de seu corpo.

Algumas dessas premissas falharam, como as leis do uso e desuso e a da transmissão de características adquiridas.

O naturalista britânico Charles Darwin (1809-1882) desenvolveu outras explicações para a evolução, que ficaram conhecidas como darwinismo. Ele observou que o número de indivíduos de uma espécie na natureza tende a ser mais ou menos constante. Apesar disso, existe uma grande mortalidade, o que Darwin relacionou com a disputa por recursos. Ele também acreditava que as espécies eram originárias de um ancestral comum e mudavam com o tempo.

As populações tendem a crescer exponencialmente, porém, a disponibilidade de recursos do meio limita esse crescimento, já que eles não são suficientes para todos os organismos gerados. Isso faz com que indivíduos de uma mesma população ou de populações diferentes compitam por recursos. Dentro de uma população, é encontrado um grande número de indivíduos diferentes de uma mesma espécie, fato denominado variabilidade intraespecífica. Algumas dessas diferenças podem tornar seus portadores mais aptos à sobrevivência no ambiente em que estão. Essas características são então selecionadas pelo meio ambiente através do processo de seleção natural. Os organismos portadores de variações que os ajudam no ambiente têm maior chance de sobreviver, chegar à idade adulta e procriar, gerando descendentes com características semelhantes as suas. Já organismos com características que os prejudicam no acesso, na exploração e no usufruto de recursos em um ambiente têm menos chance de sobreviver, chegar à idade adulta e reproduzir. Com o passar do tempo, os indivíduos com características favoráveis tendem a predominar na população, tornando-a adaptada a esse ambiente.

Existem diferentes maneiras de a seleção natural agir nos seres vivos. Ela pode ser estabilizadora, atuando para estabilizar uma característica. Quando um fenótipo extremo é favorecido, a seleção é considerada direcional. Quando a seleção favorece características contrastantes, é considerada disruptiva. A seleção também pode ser sexual, selecionando organismos mais propensos a terem sucesso reprodutivo.

▸ TEORIA SINTÉTICA DA EVOLUÇÃO E ESPECIAÇÃO

Com o desenvolvimento da Genética, foi possível complementar a teoria darwinista em diversos tópicos. Esse desenvolvimento da teoria de Darwin ficou conhecido como teoria moderna da evolução, teoria sintética da evolução ou neodarwinismo.

Atualmente, a evolução biológica é considerada o resultado da seleção natural, atuando sobre a variabilidade genética, ou seja, sobre os diferentes genes de uma espécie. Quanto maior a variabilidade de genes e de combinações entre eles, mais diversidade existirá em uma espécie. Essa variação dentro de uma mesma espécie é a variabilidade intraespecífica. A seleção natural age sobre os organismos, e, ao selecioná-los, também seleciona genes que estarão mais ou menos presentes na espécie. A variabilidade genética é originada por mutações, reprodução sexuada, recombinações gênicas e migrações dentro de uma população.

Especiação é o processo de formação de novas espécies. O conceito de espécie está relacionado à reprodução e são considerados organismos da mesma espécie aqueles que têm potencial para se reproduzir entre si e deixar descendentes férteis. Geralmente, dois grupos de uma população se separam e começam a acumular diferenças entre si até que ficam isolados reprodutivamente, ou seja, sem a capacidade de se reproduzir se forem colocados novamente em contato.

O isolamento reprodutivo pode ocorrer por dois tipos de mecanismos. Os pré-zigóticos são os que impedem a formação do zigoto. Já os pós-zigóticos são os que impedem o ciclo reprodutivo do organismo gerado.

Pela ação da seleção natural, alguns genes são selecionados e outros tendem a desaparecer ou ter menor presença dentro de uma população. Uma maneira de verificar a evolução de uma população é observar se a frequência gênica, ou seja, se a quantidade de indivíduos de uma população que possui determinado gene está sendo alterada. A ferramenta para esse tipo de análise foi apresentada por Godfrey H. Hardy (1877-1947) e Wilhelm Weinberg (1862-1937) pelo teorema de Hardy-Weinberg ou princípio do equilíbrio gênico. Esse teorema considera uma população que se reproduz sexualmente por fertilização cruzada. Os relacionamentos nessa população ocorrem ao acaso, isto é, cada indivíduo tem chances iguais de se reproduzir com qualquer outro da população. Considerando um par de alelos, podem-se denominar os seguintes fatores:

p = frequência do alelo dominante; q = frequência do alelo recessivo. Então:

p^2 = frequência do homozigoto dominante

$2pq$ = frequência do heterozigoto

q^2 = frequência do homozigoto recessivo

$(p + q)^2 = p^2 + 2pq + q^2$, sendo que $p + q = 1$.

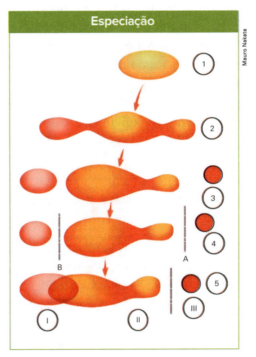

Sequência de acontecimentos que conduzem à formação de raças e espécies. (1) População constituída por indivíduos que apresentam variabilidade intraespecífica. (2) Grupos de indivíduos portadores de características não adaptativas ao ambiente se separam da população inicial, em um processo de migração (seleção natural). (3) Os grupos que migraram encontram novos ambientes aos quais se adaptam. (4) Há, entre os grupos, as barreiras geográficas (A e B) que os isolam e possibilitam a formação de subespécies (isolamento geográfico). (5) Isolamento reprodutivo entre o III e os demais (I e II). Note que entre I e II ainda não se estabeleceu o isolamento reprodutivo. Portanto, apenas III é uma nova espécie. Ilustração sem escala; cores-fantasia.

▶ EVIDÊNCIAS EVOLUTIVAS

A evolução é um processo que pode levar milhões de anos para ocorrer. Intervalos de tempo dessa grandeza são observados no que se convencionou chamar de tempo geológico, que é medido em milhares, milhões e bilhões de anos. O tempo geológico costuma ser dividido em eras, subdivididas em períodos e épocas, com acontecimentos marcantes que as identificam.

Ao longo das eras geológicas, inúmeros organismos apareceram e desapareceram da Terra e o ambiente passou por diversas modificações. Esses fatos são conhecidos devido a evidências de evolução.

Cada divisão da escala de tempo geológico apresenta um conjunto de fósseis característico. As mudanças que ocorrem entre as eras são marcadas por mudanças radicais nesse conjunto. Fóssil é um vestígio, uma parte de um organismo ou até mesmo um organismo inteiro que foi preservado. Nesse processo ocorre soterramento de parte de um organismo ou outro evento que impede seu desaparecimento e permite que ele seja mineralizado. Para determinar a idade de um fóssil, pode-se utilizar a idade relativa, comparando um fóssil com fósseis-guias ou fósseis - índices, que são fósseis característicos de determinada época, ou a idade absoluta, utilizando métodos como o do carbono-14.

Evidências evolutivas também podem aparecer em estruturas de organismos diferentes que apresentam a mesma origem embriológica (podendo ou não executar as mesmas funções), denominadas estruturas homólogas, e esse fenômeno é chamado homologia. A homologia sugere a possível existência de uma origem comum, sendo uma evidência da evolução, embora não indique o grau de parentesco entre as espécies envolvidas. Organismos homólogos, por terem um ancestral comum, herdam estruturas com a mesma origem embriológica, mas que se modificam ao longo do tempo, devido a diferentes pressões seletivas do ambiente em que vivem. Esse fenômeno é chamado irradiação adaptativa.

Estruturas ou órgãos de espécies diferentes com diferentes origens evolutivas que desempenham as mesmas funções são denominadas estruturas análogas, e esse fenômeno é denominado analogia. A analogia não indica parentesco entre as espécies consideradas, mas reflete a adaptação de estruturas diferentes a uma mesma condição ambiental por diferentes caminhos evolutivos. O fenômeno de espécies apresentarem estruturas análogas é chamado convergência evolutiva, ou evolução convergente, já que reflete a evolução de diferentes estruturas em pressões seletivas parecidas.

Estruturas vestigiais indicam parentesco entre espécies. Também existem evidências embriológicas de evolução. A ontogenia remete à filogenia, ou seja, semelhanças no desenvolvimento embrionário indicam que diversos organismos tiveram uma origem comum, que estão relacionados evolutivamente.

▸ ASPECTOS DA HISTÓRIA EVOLUTIVA DA TERRA

Primata é a ordem de mamíferos que compreende o ser humano, os macacos, os lêmures e os símios. Os primeiros mamíferos eram do tamanho aproximado de um camundongo, assemelhando-se aos musaranhos modernos, e surgiram há cerca de 220 milhões de anos na Era Mesozoica, no Período Triássico. Eles surgiram numa época em que os répteis predominavam e, como consequência de terem tamanho reduzido quando comparados aos répteis gigantescos da época, passavam por diversas restrições. Por outro lado, por serem endotérmicos, tinham vantagens em certos aspectos.

Ao longo do Eoceno – entre 38 e 53 milhões de anos –, três grupos de antropoides (subgrupo dos primatas) evoluíram: os macacos do Novo Mundo, os macacos do Velho Mundo e os seres pertencentes à superfamília Hominoidea, à qual pertencem os humanoides. Alguns primatas conseguiam manipular objetos devido a características anatômicas, como a presença do polegar opositor, o dedo que permite segurar e manipular objetos e que lhes possibilitou diversos avanços.

Não há uma teoria definitiva sobre como surgiu o ser humano moderno. Existem algumas possibilidades que ainda precisam ser confirmadas. Diversas evidências apontam que seres humanos e chimpanzés teriam compartilhado um ancestral comum, da superfamília Hominoidea, que teria vivido na África entre 5 e 8 milhões de anos atrás. A partir desse ancestral, que pertencia ao grupo dos grandes símios, teriam surgido os ancestrais dos seres humanos e dos chimpanzés atuais.

Exercícios

1. (UFPR) Certos insetos apresentam um aspecto que os assemelha bastante, na cor e às vezes até na forma, com ramos e mesmo folhas de algumas plantas. Esse fato é de extrema utilidade para o inseto, já que o protege contra o ataque de seus predadores. Faça uma interpretação do processo evolutivo que os levou a tal situação adaptativa:

   a) do ponto de vista da teoria do Uso e Desuso, de Lamarck.

   b) do ponto de vista da teoria da Seleção Natural.

2. (Unicamp-SP) Olhos pouco desenvolvidos e ausência de pigmentação externa são algumas das características comuns a diversos organismos que habitam exclusivamente cavernas. Dentre esses organismos, encontram-se espécies de peixes, anfíbios, crustáceos, aracnídeos, insetos e anelídeos.

   Em relação às características mencionadas, é correto afirmar que:

   a) O ambiente escuro da caverna induz a ocorrência de mutações que tornam os organismos albinos e cegos, características que seriam transmitidas para as gerações futuras.

   b) Os indivíduos que habitam cavernas escuras não utilizam a visão e não precisam de pigmentação; por isso, seus olhos atrofiam e sua pele perde pigmentos ao longo da vida.

   c) As características típicas de todos os animais de caverna surgiram no ancestral comum e exclusivo desses animais e, portanto, indicam proximidade filogenética.

   d) A perda de pigmentação e a perda de visão nesses animais são características adaptativas selecionadas pelo ambiente escuro das cavernas.

3. (PUC-RJ) A seleção natural pode agir sobre a diversidade das populações de maneiras diferentes. Numa delas, as condições do ambiente favorecem fenótipos que representam a média da população, desfavorecendo fenótipos extremos. Esta forma de seleção é denominada:

   a) Disruptiva.
   b) Estabilizadora.
   c) Direcional.
   d) Sexual.
   e) Diversificadora.

4. (Uespi) Uma das condições para que uma população mendeliana mantenha as frequências de alelos constantes, ou seja, em equilíbrio gênico, com o passar das gerações, é:

   a) a ocorrência de mutações.
   b) a seleção natural.
   c) a existência de poucos indivíduos.
   d) a migração com fluxo gênico.
   e) o acasalamento aleatório.

5. (UFPE) O princípio de Hardy-Weinberg tem sido utilizado pelos evolucionistas como uma importante ferramenta para compreender as frequências gênicas nas populações dos seres vivos. Sobre esse assunto, considere as afirmativas a seguir.

   (   ) A quantidade de indivíduos ou o isolamento reprodutivo de uma parte da população não interferem no equilíbrio gênico.

   (   ) Em uma população sob influência de processos evolutivos, tais como migração e deriva gênica, as frequências de alelos nos descendentes permanecem inalteradas.

   (   ) Como são fenômenos raros, as mutações não provocam alteração nas frequências de alelos de uma população com inúmeros tipos de cruzamentos possíveis.

   (   ) Na hipótese de prevalecerem na população cruzamentos entre indivíduos com características fenotípicas vantajosas, a mesma tende a permanecer em equilíbrio gênico.

Exercícios

(   ) Supondo que as frequências dos alelos "A" e "a", não ligados ao sexo, numa população em equilíbrio gênico, sejam, respectivamente, "0,7" e "0,3", a probabilidade de se formar na população indivíduos "AA" é de 49 %.

6. (PUC-RJ) Duas espécies de plantas intimamente relacionadas (do mesmo gênero) são encontradas em uma floresta, produzem flores na mesma época e partilham os mesmos polinizadores. No entanto, mesmo que ocorra polinização entre indivíduos das espécies, não haverá produção de frutos e sementes. Que tipo de barreira reprodutiva mantém essas espécies separadas na natureza?

   a) Barreira pré-zigótica de isolamento temporal.
   b) Barreira pré-zigótica de isolamento gamético.
   c) Barreira pós-zigótica de inviabilidade do híbrido.
   d) Barreira pós-zigótica de esterilidade do híbrido.
   e) Barreira pós-zigótica de isolamento temporal.

7. (Udesc) Nos estudos de evolução no reino animal, é frequente o uso dos termos análogo e homólogo. Analise as proposições abaixo, de acordo com estes estudos.

   I. Análogas têm estruturas de mesma função, mas de diferente origem.
   II. Análogas têm estruturas de mesma origem, mas de diferente função.
   III. Homólogas têm apenas estruturas de mesma função e origem.
   IV. Homólogas têm estruturas de mesma função, mas de diferente origem.

   Assinale a alternativa correta.

   a) Somente as afirmativas I, II e III são verdadeiras.
   b) Somente as afirmativas II, III e IV são verdadeiras.
   c) Somente a afirmativa I é verdadeira.
   d) Somente as afirmativas I e III são verdadeiras.
   e) Somente a afirmativa II é verdadeira.

8. (UFSC) Considere a via bioquímica de produção do pigmento amarelo em abóboras representada abaixo.

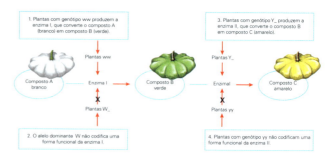

Suponha as seguintes frequências alélicas em determinada população em equilíbrio de plantas que produzem abóboras:

- 50% W e 50% w
- 40% Y e 60% y

Sobre a genética e evolução e com base no que foi apresentado, é CORRETO afirmar que:

01) nesta população, há menos plantas produtoras de abóboras verdes do que de amarelas.
02) o alelo W é epistático em relação aos alelos Y e y.
04) espera-se, nesta população, uma distribuição de 50% de plantas que produzam abóboras brancas e 50% de plantas que produzam abóboras coloridas.
08) uma população está em equilíbrio, com as frequências alélicas e genotípicas constantes ao longo das gerações, quando ocorre seleção natural e deriva gênica.
16) o genótipo das plantas produtoras de abóboras verdes é wwyy.

9. (G1 – CFTRJ) O trecho da notícia abaixo mostra a importância dos achados fósseis para explicar a evolução humana

Nova espécie do gênero humano é descoberta na África do Sul

Um grupo de pesquisadores apresentou nesta quinta-feira (10) na África do Sul os remanescentes fósseis de um primata que podem ser de uma espécie do gênero humano desconhecida até

106 Caderno de revisão

agora. A criatura foi encontrada na caverna conhecida como Rising Star (estrela ascendente), 50 km a nordeste de Johanesburgo, onde foram exumados os ossos de 15 hominídeos. O primata foi batizado de *Homo naledi*. Em língua sotho, *naledi* significa estrela, e *Homo* é o mesmo gênero ao qual pertencem os humanos modernos.

(Fonte:http://g1.globo.com/ciencia-e-saude/noticia/2015/09/antiga-especie-do-genero-humano-e-descober a-na-africa-do-sul.html. Acesso em: 10/09/2015)

Sobre os fósseis e sua localização é correto afirmar que:

a) são mais comumente encontrados em cavernas entre camadas de rochas magmáticas.

b) as rochas sedimentares, por sua formação, são depósitos naturais de fósseis.

c) as rochas metamórficas, como o granito, são o tipo de rocha com maior abundância de fósseis.

d) os fósseis mais numerosos são encontrados na superfície do solo não importando a constituição do mesmo.

10. (PUCC-SP) Sobre o tema *evolução* fizeram-se as afirmações abaixo.

I. As espécies dos seres vivos são passíveis de modificação, podendo sofrer alterações morfofisiológicas ao longo do tempo.

II. Prova de que nosso planeta foi habitado por seres diferentes dos que existem atualmente é a existência de fósseis.

III. Os que admitem que as espécies não se alteram no decorrer do tempo são adeptos da teoria do fixismo.

Está correto o que se afirma em

a) I, apenas.
b) I e II, apenas.
c) I e III, apenas.
d) II e III, apenas.
e) I, II e III.

11. (Unifesp) No fim de abril, ao anunciar onde a duquesa de Cambridge, Kate Middleton, daria à luz sua filha, herdeira do príncipe William, a imprensa mundial noticiou que uma ala do Hospital de St. Mary, em Londres, havia sido fechada em decorrência de um pequeno surto de superbactéria.

Se uma instituição frequentada por um casal real pode passar por uma situação como essa, dá para ter noção do desafio enfrentado diariamente por profissionais do mundo inteiro para lidar com micro-organismos multirresistentes.

(http://noticias.uol.com.br. Adaptado.)

a) Tendo por base a biologia evolutiva, explique como uma colônia de bactérias pode dar origem a uma nova linhagem resistente ao antibiótico que até então era eficiente em combatê-la.

b) Na reprodução das bactérias, o processo que leva à formação de novas células assemelha-se mais à meiose ou à mitose? Justifique sua resposta.

12. (UFJF-Pism-MG) A borboleta lua-azul, *Hypolimnas bolina,* habita as ilhas Samoa e estava sendo atacada por um parasito que destruía apenas embriões do sexo masculino, o que causou um sério desequilíbrio entre os sexos. Os machos chegaram a representar apenas 1% da população de borboletas. No entanto, após dez gerações, o sexo masculino voltou a representar 40% da população de borboletas. O aumento da proporção de machos não se deve ao desaparecimento do parasito, pois ele ainda estava presente, mas não era mais letal aos embriões do sexo masculino.

http://misterioscuriosidades.blogspot.com.br/2013/06/8-exemplos-que-evolucao-continua-em-acao.html

a) Com base na Teoria Sintética da Evolução, quais os fatores evolutivos permitiram que a população de machos se restabelecesse?

b) Se essa população resistente ao parasito fosse isolada geograficamente, por um longo período de tempo, de outras populações da mesma espécie que não sofrem o ataque deste parasito, o que iria acontecer? Qual o processo evolutivo responsável?

c) Como no exemplo da borboleta lua-azul, indivíduos de uma mesma população apresentam características diferentes. Quais os mecanismos responsáveis por gerar essa variação entre os indivíduos?

ECOLOGIA

▶ FUNDAMENTOS DA ECOLOGIA

Um dos principais fatores que mantém uma comunidade é o nutricional. Esse fator se reflete nas relações tróficas, ou seja, nas relações alimentares entre os organismos de uma comunidade.

Em função das relações tróficas, os organismos que compõem uma comunidade podem ser classificados em níveis tróficos. O primeiro nível trófico é composto de organismos autótrofos, que são denominados produtores. A maioria dos produtores são fotossintetizantes. Os heterótrofos são os organismos que se alimentam de outros; nesse caso, são denominados consumidores. Os que se alimentam dos produtores são chamados consumidores primários ou de primeira ordem. Os consumidores que se alimentam dos herbívoros são chamados consumidores secundários ou de segunda ordem. Os consumidores que se alimentam dos consumidores secundários são os consumidores terciários ou de terceira ordem, e assim sucessivamente. Os decompositores compreendem as bactérias e os fungos. São eles que, ao se nutrirem da matéria orgânica dos cadáveres, dos excrementos e das excreções provenientes dos mais diversos níveis tróficos, devolvem compostos inorgânicos para o ambiente. Eles agem em todos os níveis tróficos. Em comunidades aquáticas, os produtores são constituídos principalmente de algas microscópicas, que formam o fitoplâncton. Já os consumidores primários são organismos heterótrofos microscópicos, que formam o zooplâncton.

Existem organismos que ocupam mais de um nível trófico. Nesse caso, onde não há especialização nos hábitos alimentares, o organismo é classificado como onívoro, ou seja, pode alimentar-se de todos os níveis tróficos. Já organismos que se alimentam apenas de produtores são considerados herbívoros, enquanto os que se alimentam exclusivamente de consumidores são carnívoros.

As relações tróficas podem ser representadas por uma cadeia alimentar, sequência linear de organismos na qual um serve de alimento ao seguinte. Uma representação mais próxima da realidade é a teia alimentar, o conjunto de todas as cadeias alimentares de uma comunidade. Nessa representação, um mesmo organismo pode ocupar níveis tróficos diferentes.

Pirâmides alimentares são gráficos que ajudam a compreender relações tróficas. Na pirâmide de números, é considerado o número de indivíduos de cada nível trófico da cadeia alimentar. A pirâmide pode apresentar-se invertida, quando um produtor é muito maior que os consumidores. Se a pirâmide for montada considerando-se a massa viva, denominada biomassa, de cada nível trófico, é denominada pirâmide de biomassa ou simplesmente de massa. A pirâmide de biomassa pode aparecer na forma normal, mas, em ambiente aquático, pode aparecer invertida.

A pirâmide de energia representa a quantificação da energia retida em cada nível trófico por determinado tempo. Ela nunca se apresenta invertida, pois parte da energia química é "perdida" ao passar de um nível trófico para o outro. Em cada nível trófico, a energia é transformada e nunca criada; além disso, essa pirâmide indica os níveis de aproveitamento ou de produtividade biológica da cadeia alimentar.

Na pirâmide de energia, o nível do produtor corresponde à quantidade de energia armazenada nos alimentos produzidos pelos autótrofos, em determinada área e em certo intervalo de tempo. Essa energia armazenada no alimento corresponde à Produtividade Primária Bruta (PPB). Parte dessa energia é consumida pelos vegetais para seu crescimento e para a manutenção da atividade por meio da respiração. A energia não utilizada é armazenada em produtos orgânicos nas células e pode ser ingerida pelo nível trófico seguinte, no caso, os herbívoros. A energia retida nos produtos orgânicos armazenados nos produtores, disponível para os herbívoros, corresponde à Produtividade Primária Líquida (PPL).

Em razão da perda de energia em cada nível trófico, conclui-se que, quanto menor for a cadeia alimentar, maior será a quantidade de energia disponível para o nível trófico mais elevado.

Ciclos da matéria

Nos ciclos da matéria, observa-se como a matéria é decomposta e reaproveitada pelos seres vivos. Impactos humanos nesses ciclos são muito comuns.

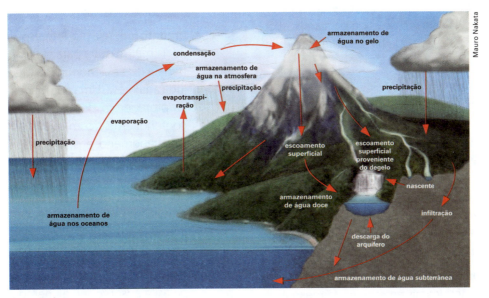

Ciclo da água.

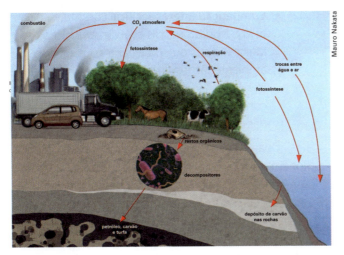

Ciclo do carbono.

Ilustração sem escala; cores-fantasia.

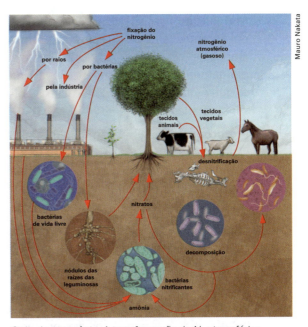

Ciclo do nitrogênio. A transformação de N_2 atmosférico em NH_3 é chamada fixação. A amônia produzida pelos biofixadores de vida livre no solo ou na água é transformada em nitrito (NO_2^-) e, posteriormente, em nitrato (NO_3^-). A transformação de amônia em nitrato é denominada nitrificação. A amônia pode ser aproveitada por bactérias ou pode ser transformada em gás nitrogênio, devolvendo-o à atmosfera. Essa devolução é conhecida por desnitrificação e é realizada pelas bactérias desnitrificantes.

Ecologia

RELAÇÕES ECOLÓGICAS

Relações intraespecíficas são aquelas que ocorrem entre seres da mesma espécie, enquanto as interespecíficas são realizadas entre organismos de espécies diferentes. As relações ecológicas podem ser classificadas em harmônicas (aquelas em que os indivíduos envolvidos não sofrem prejuízos e que podem até trazer benefícios para um deles ou para ambos) ou desarmônicas (aquelas em que há pelo menos um indivíduo prejudicado).

- **Sociedade**: relação intraespecífica em que um grupo de organismos da mesma espécie que vivem juntos e apresentam nítida divisão de trabalho.
- **Colônia**: relação intraespecífica. Se entre os indivíduos de uma população houver uma ligação anatômica, ela é denominada colônia. De modo geral, as colônias formam-se pela reprodução assexuada (brotamento) e os descendentes não se desligam do ancestral.
- **Competição intraespecífica**: é a disputa por recursos ambientais entre seres da mesma espécie.
- **Mutualismo**: relação interespecífica. É a associação entre seres de duas espécies em que ambos se beneficiam. A união entre eles é obrigatória, e a interdependência é tão intensa que os indivíduos não conseguem sobreviver separadamente.
- **Protocooperação**: relação interespecífica. Duas espécies se associam e ambas se beneficiam. Essa relação diferencia-se do mutualismo porque as espécies associadas, se necessário, conseguem viver separadamente.
- **Inquilinismo**: relação interespecífica. Há benefício para uma das espécies e é indiferente para a outra. O motivo da aproximação de uma das partes é a busca de proteção ou abrigo.
- **Epifitismo**: relação interespecífica. A espécie beneficiada, denominada epífita, procura suporte ou apoio físico em outras espécies.
- **Comensalismo**: relação interespecífica. Nela, uma espécie é beneficiada enquanto para a outra a relação é neutra. A espécie beneficiada é denominada comensal e se aproxima da outra para se alimentar.
- **Amensalismo**: relação interespecífica. Também chamada antibiose, essa é uma relação em que uma espécie (beneficiada) secreta uma substância que inibe ou impede o desenvolvimento de outras espécies.
- **Esclavagismo**: relação interespecífica. Uma espécie transforma a outra em "escrava", beneficiando-se desse fato.
- **Predatismo**: relação interespecífica. Certa espécie mata a outra para se alimentar. A espécie beneficiada é denominada predadora, e a prejudicada presa. Uma das maneiras de as presas se protegerem dos predadores consiste em confundirem-se com o ambiente, imitando-o. Esse fenômeno é denominado camuflagem. Outras espécies utilizam o mimetismo para enganar predadores ou presas. Nesse fenômeno, espécies distintas compartilham alguma semelhança reconhecida por outras espécies.
- **Parasitismo**: relação interespecífica. É a relação entre seres em que o beneficiado (parasita) vive às custas do outro (hospedeiro). O parasita absorve seu alimento do hospedeiro, sem o qual ele não pode se desenvolver.
- **Competição interespecífica**: consiste na disputa entre duas ou mais espécies por nichos ecológicos iguais ou semelhantes. Os recursos do ambiente são insuficientes para essas espécies e isso desencadeia uma disputa que gera diversas consequências, como o controle do tamanho das duas populações ou a extinção de espécies.

Duas espécies que competem por recursos limitados em um mesmo ambiente não coexistem permanentemente. Se não ocorrerem alterações ou interferências, uma espécie usará esses recursos de forma mais eficiente e se reproduzirá mais rapidamente que a outra, levando à eliminação dessa espécie. Essa conclusão ficou conhecida como o princípio da exclusão competitiva.

FATORES ABIÓTICOS, POPULAÇÕES E COMUNIDADES

Fatores abióticos

A luz é um dos principais fatores abióticos que interferem na vida, já que é necessária para a fotossíntese. Quanto maior o grau de penetração da luz em certo ambiente, maior a possibilidade de ocorrência de fotossíntese, o que aumenta a quantidade de matéria orgânica no local.

Um dos fatores ambientais que limita a distribuição da vida na Terra é a temperatura, já que a sobrevivência dos organismos depende essencialmente de enzimas que têm seu funcionamento afetado diretamente por ela. Os seres vivos apresentam adaptações fisiológicas e comportamentais em função desse fator.

Para os organismos terrestres, conseguir água e evitar sua perda são grandes problemas. Animais que vivem em ambientes secos apresentam adaptações para conseguir água. Alguns vegetais desenvolvem raízes profundas e ramificadas que a retiram do solo. Para evitar a perda de água, apresentam revestimentos impermeáveis, como suberina e cutina. Os vegetais podem perder água pelos estômatos, que ficam nas folhas. Alguns mecanismos para minimizar essa perda são: folhas pequenas, queda de folhas em períodos mais secos e folhas transformadas em espinhos.

A salinidade se refere à quantidade, em massa, de sais dissolvidos no meio. Ambientes com grande concentração de sais podem fazer com que os organismos percam água por osmose. Para compensar essa perda, animais desse ambiente geralmente apresentam revestimento impermeável (escamas), produzem pouca urina, bebem muita água e suas brânquias eliminam ativamente o excesso de sais ingeridos. O inverso ocorre com o peixe de água doce, que elimina bastante água durante seus processos fisiológicos.

Ecossistemas aquáticos

Os grandes ecossistemas aquáticos são considerados ambientes estáveis porque são menos influenciados pelo clima do que os ambientes terrestres. Neles, os principais fatores determinantes são a quantidade de sais minerais, a disponibilidade de nutrientes, a temperatura, a profundidade, a quantidade de luz e a velocidade de deslocamento da água.

Nos ecossistemas marinhos, na zona de marés, sujeita ao avanço e ao recuo diário das águas, existem organismos com adaptações para as diferentes condições apresentadas. Já nas regiões profundas dos mares existem seres com adaptações à falta de luz.

Dinâmica das populações

Cada população evolui e se adapta ao ambiente como uma unidade no ecossistema, interagindo com os fatores bióticos e abióticos.

Diversos fatores afetam a estrutura de uma população, como as taxas de mortalidade e de natalidade, a emigração e a imigração. Uma população tende a crescer indefinidamente, mas esse processo é interrompido pela disponibilidade de recursos do ambiente. O potencial biótico de uma população é a sua capacidade de aumentar o número de indivíduos em condições ideais. Entretanto, verifica-se na natureza que os tamanhos das populações atingem um patamar e não crescem mais após certo tempo. Isso se deve a um conjunto de fatores (disponibilidade de luz, alimento, espaço, presença de parasitas ou de predadores etc.) que se opõem ao potencial biótico, chamados resistência ambiental.

Em um ambiente, pode aparecer uma espécie exótica, aquela que não estava na comunidade e foi introduzida, geralmente, pelo ser humano. A introdução de uma espécie exótica em uma comunidade pode causar diversas alterações na comunidade local.

Sucessão ecológica

O processo de ocupação de um ambiente até o estabelecimento de uma comunidade clímax (que produz tudo o que ela precisa consumir) é denominado sucessão ecológica. Esta pode ser primária, quando ocorre em um ambiente sem vida, ou secundária, quando ocorre em um ambiente degradado. Na sucessão primária, existem organismos pioneiros, como os líquens, que sobrevivem em condições ambientais adversas e tornam o ambiente mais propício para a sobrevivência de outros organismos. Conforme novos organismos se instalam nos ambientes, eles se tornam mais diversos e aptos a receber um maior número de espécies.

▶ BIOMAS

Biomas são áreas identificáveis em escala regional onde ocorre uma fauna e uma flora típicas em condições geoclimáticas próprias. A ocorrência da vegetação característica dos biomas depende principalmente do clima.

Biomas mundiais

- **Tundra**: é encontrada em altas latitudes. O clima polar ou subpolar das regiões da Tundra é extremamente frio e seco, com duas estações bem definidas, inverno e verão. O solo fica constantemente congelado, com derretimento do gelo somente na superfície, durante o verão. Há pouca biodiversidade (diversidade de seres vivos no local).

- **Taiga**: ocorre em uma larga faixa ao sul da Tundra, em latitudes elevadas, apenas no hemisfério Norte. No inverno, apresenta temperaturas tão baixas quanto a Tundra, porém tem verão bem mais quente e prolongado (de 3 a 6 meses), o que favorece o crescimento de árvores. A vegetação da Taiga é bastante homogênea, com predominância de pinheiros.

- **Florestas Temperadas**: ocorrem na zona de clima temperado. São regiões em que as chuvas são moderadas, mas bem distribuídas, com grandes variações de temperatura, invernos frios e verões quentes. Nesse tipo de bioma e em outros, como as Florestas Tropicais e as Savanas, ocorre a presença da serapilheira, material disponibilizado no solo pelos seres vivos, como folhas, galhos, frutos, flores, raízes e resíduos animais. Ao se decompor, esse material libera para o solo nutrientes que as plantas utilizam.

- **Florestas Tropicais**: ocorrem predominantemente em regiões de clima tropical. Apresentam alto teor de umidade, chuvas contínuas e temperatura elevada, que são condições climáticas favoráveis ao desenvolvimento de florestas exuberantes. A vegetação é abundante, de crescimento rápido e sempre verde. A fauna é muito rica.

- **Campos**: são formações abertas, com vegetação predominantemente rasteira, muita claridade, chuvas irregulares e baixa pluviosidade. O solo é poroso, retendo pouca água. As savanas são Campos onde estão presentes gramíneas, alguns arbustos e árvores. Há Savanas na América do Norte, na América do Sul, na Ásia, na África e na Austrália. No Brasil, elas compreendem os Campos e o Cerrado.

- **Desertos**: caracterizam-se pela aridez. As chuvas são raras e a umidade é reduzida. A temperatura durante o dia é elevada, podendo ficar próxima a 50 °C, e cai durante a noite, podendo chegar a cerca de –10 °C. Os maiores Desertos do mundo são o Saara, na África, e o Deserto de Gobi, na Ásia. Também existem desertos na África, na Austrália, nos Estados Unidos, no Chile, na Bolívia e no Tibete. A vegetação é esparsa, composta de gramíneas e plantas de pequeno porte adaptadas ao ambiente seco, com folhas transformadas em espinhos e caules suculentos que armazenam água, entre outras adaptações. A fauna tem pouca diversidade, constituindo-se principalmente de pequenos roedores, serpentes, lagartos, lacraias, escorpiões e insetos.

Biomas brasileiros

Biomas brasileiros.

Floresta Amazônica: está presente em diversos países da América do Sul. Possui elevada pluviosidade o ano inteiro, embora tenha uma estação menos úmida no meio do ano. Tem elevada biodiversidade e temperaturas altas. A Floresta Amazônica apresenta três tipos de vegetação: mata de igapós, mata de várzeas e mata de terra firme.

Cerrado: localiza-se no Brasil central e abrange diversos estados. Apresenta temperatura média de 26 °C, índice pluviométrico anual de 1 100 mm a 2 000 mm, com chuvas concentradas no verão. A fisionomia dos arbustos e das árvores com galhos tortuosos, os caules com casca grossa e as folhas coriáceas sugerem que essas plantas se adaptaram à seca. A água não é o fator que limita o desenvolvimento de uma flora mais exuberante no bioma. O solo arenoso, ácido e com altas taxas de alumínio é o que restringe o desenvolvimento vegetal do Cerrado.

Mata Atlântica: as matas costeiras brasileiras são também chamadas, em conjunto, de Mata Atlântica. A biodiversidade desse bioma é semelhante à da Floresta Amazônica, com vegetação exuberante e diversas espécies endêmicas (que vivem exclusivamente nesse local). A Mata Atlântica é sempre muito úmida (com índices de pluviosidade entre 1 800 mm e 3 600 mm/ano e temperatura anual média de 22 °C).

Manguezal: é um bioma no qual ocorre o encontro de água doce de rios com a água salgada do mar. O solo é escuro e encharcado, com consistência similar à lama, tornando difícil a locomoção e a sustentação de organismos. Esse bioma é um berçário para várias espécies de peixes, camarões e siris, que nele se reproduzem. Além disso, o mangue fornece grande parte dos nutrientes para a comunidade marinha costeira. O solo encharcado dificulta a fixação e a respiração das raízes. Algumas plantas apresentam raízes respiratórias ou pneumatóforos, ramificações que crescem em direção ao caule, para fora do solo lamacento, e realizam trocas gasosas com o ar. No bioma também podem ser encontradas plantas com raízes que se desenvolvem no caule em direção ao solo, denominadas raízes-escora, que ampliam a base da planta, dando-lhe sustentação.

Caatinga: apresenta clima semiárido com temperatura elevada, entre 24 °C e 26 °C, e chuva escassa e irregular em torno de 500 mm a 700 mm anuais. Os rios costumam ser intermitentes, isto é, desaparecem nas épocas de seca. O vento apresenta baixa umidade e colabora com a evaporação. A vegetação é adaptada a ambientes secos, com destaque para as cactáceas, cujas folhas se transformam em espinhos, o que diminui a evapotranspiração, e têm caules que reservam água, adaptações ao clima seco. Diversas plantas germinam no período das chuvas, cobrindo o solo.

Pantanal: no Brasil, localiza-se no Mato Grosso e no Mato Grosso do Sul. É uma região plana, com pouco declive, onde a água do rio Paraguai transborda nos meses de cheia, inundando extensas áreas. Localizado entre o Cerrado e a Amazônia, a temperatura média anual do Pantanal oscila entre 23 °C e 25 °C, e as chuvas estão concentradas de novembro a abril, com média de 1 100 mm a 1 500 mm por ano. Na época de chuvas, as águas invadem os terrenos mais baixos, que permanecem inundados. De maio a julho, as águas escoam lentamente e formam rios temporários, época conhecida como vazante. O bioma apresenta elevada biodiversidade.

Campos Sulinos: também conhecido como Pampa, esse bioma é típico do Rio Grande do Sul, caracterizando-se por extensas planícies onde a temperatura média anual é de 18 °C e a pluviosidade fica entre 500 mm e 1000 mm anuais. As planícies são favoráveis à propagação de ventos fortes e gelados, os minuanos. Os Campos Sulinos apresentam vegetação herbácea, com árvores e arbustos esparsos, e gramíneas.

Exercícios

1. (UFRN)

    "A Caatinga cobre aproximadamente 825 143km² do Nordeste e parte do Vale do Jequitinhonha, em Minas Gerais, apresentando planícies e chapadas baixas. A vegetação é composta de vegetais lenhosos, misturados com grande número de cactos e bromélias. A secura ambiental, pelo clima semiárido, e sol inclemente impõem hábitos noturnos ou subterrâneos. Répteis e roedores predominam na região. Entre as mais belas aves estão a arara-azul e o acauã, um gavião predador de serpentes."

    Disponível em: <http://ambientes.ambientebrasil.com.br/ecoturismo/potencial_ecoturistico_brasileiro/potencial_ecoturistico_brasileiro.html>. Acesso em: 11 ago. 2011.

    Sobre os aspectos ecológicos dos organismos citados no texto, pode-se afirmar que

    a) o nicho ecológico do gavião está definido pelo seu papel de predador.
    b) os vegetais lenhosos, cactos e as bromélias formam uma população.
    c) os répteis e os roedores se alimentam de cactos e bromélias.
    d) o nicho ecológico da arara-azul e do acauã é o mesmo nesse hábitat.

2. (Udesc) A transferência de energia e matéria entre os seres vivos de uma comunidade passa constantemente por meio de cadeias e teias alimentares. Analise as proposições abaixo, em relação ao enunciado.

    I. É chamada de cadeia alimentar a sequência de seres vivos em que um serve de alimento ao outro.
    II. Em uma comunidade existem várias cadeias interligadas, que formam uma teia ou rede alimentar.
    III. O fluxo de matéria e energia é repassado integralmente aos consumidores e depois aos produtores e decompositores.
    IV. Parte da matéria orgânica e da energia que fica nos autotróficos constitui alimento disponível para os consumidores.

    Identifique a alternativa correta.

    a) Somente as afirmativas I, II e III são verdadeiras.
    b) Somente as afirmativas II e IV são verdadeiras.
    c) Somente as afirmativas I, II e IV são verdadeiras.
    d) Somente as afirmativas I e III são verdadeiras.
    e) Somente as afirmativas III e IV são verdadeiras.

3. (UEL-PR) Os seres humanos modificam o ambiente para uso dos recursos naturais, criando impactos sobre os ecossistemas. O gráfico a seguir mostra um exemplo hipotético da interferência humana sobre a fauna local em um determinado rio com nascente na floresta nativa.

    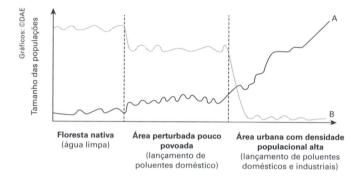

    a) Com base no gráfico, explique as variações das populações A e B.
    b) No contexto do exemplo dado na questão, esquematize uma cadeia alimentar em um ambiente aquático de uma floresta nativa.

4. (UESC-BA) O esquema a seguir representa de forma parcial o ciclo do nitrogênio presente na natureza com alguns dos seus componentes bióticos.

    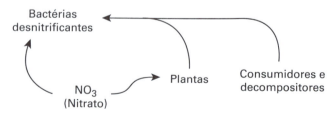

    A respeito da dinâmica desse ciclo e das informações obtidas no esquema, é correto afirmar:

114 Caderno de revisão

a) as plantas convertem o componente inorgânico em moléculas orgânicas que contêm nitrogênio, que poderá ser transferido para os outros níveis tróficos através das cadeias alimentares.

b) As bactérias desnitrificantes convertem o nitrogênio molecular, presente na atmosfera, fixando-o ao solo na forma orgânica.

c) A reciclagem dos resíduos nitrogenados pelos consumidores permite a reutilização desses compostos pelas bactérias nitrificantes.

d) O nitrato fixado pelas bactérias desnitrificantes deve ser convertido inicialmente em nitrito e finalmente em amônia para que possam estar acessíveis aos vegetais.

e) Consumidores e decompositores que consomem matéria nitrogenada se posicionam invariavelmente no 1º nível trófico das cadeias alimentares.

5. (UFRGS-RS) Considere as seguintes afirmações sobre níveis tróficos.

I. Os herbívoros alimentam-se de organismos que se encontram em vários níveis tróficos.

II. Os detritívoros, por se alimentarem de restos de outros organismos, não fazem parte das cadeias alimentares.

III. A principal fonte de energia dos organismos produtores é a energia solar.

Quais estão corretas?

a) Apenas I.
b) Apenas III.
c) Apenas I e II.
d) Apenas II e III.
e) I, II e III.

6. (Fuvest-SP) Em relação ao fluxo de energia na biosfera, considere que

- A representa a energia captada pelos produtores;
- B representa a energia liberada (perdida) pelos seres vivos;
- C representa a energia retida (incorporada) pelos seres vivos.

A relação entre A, B e C na biosfera está representada em:

a) $A < B < C$.
b) $A < C < B$.
c) $A = B = C$.
d) $A = B + C$.
e) $A + C = B$

7. (UFJF/Pism-MG) As relações alimentares dos seres vivos em um ecossistema podem ser representadas através de diagramas denominados teias tróficas. As figuras I e II representam duas teias tróficas hipotéticas. Os traços indicam a relação alimentar e as letras significam as espécies (P: planta; H: herbívoro; C: carnívoro).

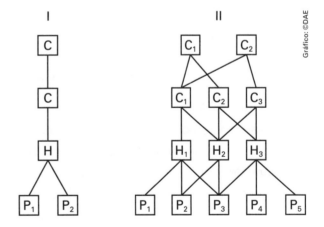

Tendo como base as relações tróficas, responda:

a) Qual é o componente trófico importante, responsável pela reciclagem dos elementos químicos, que não consta nas figuras?

b) Considerando que no processo de fotossíntese a energia é transformada, e não produzida, designar os organismos da base da teia trófica como produtores é correto? Justifique.

c) Qual das duas teias tróficas apresenta menor perda na transferência energética? Justifique.

8. (Unicamp-SP) Em uma pirâmide de energia, as plantas têm importante papel na captação e transformação da energia luminosa e são responsáveis pela produtividade primária líquida. Nessa pirâmide, aparecem ainda os herbívoros e os carnívoros, que acumulam energia e determinam assim a produtividade secundária líquida. Sobre as pirâmides de energia, é correto afirmar que

a) a energia é conservada entre os níveis tróficos.

b) a respiração dos autótrofos é uma fonte de energia para os heterótrofos.

c) a produtividade primária líquida é representada na base da pirâmide.

d) a excreção é uma fonte de energia para os níveis tróficos superiores.

9. (G1 – CPS) Existem regiões da Terra que não favorecem a vida de seres vivos, devido ao clima e às condições do solo. No entanto, essas regiões podem ser eventualmente colonizadas por certas espécies genericamente denominadas espécies pioneiras, que conseguem se instalar e suportar as severas condições desses ambientes.

Essa colonização vai modificando progressivamente o ambiente, pois haverá acúmulo de material orgânico no solo, aumentando a quantidade de nutrientes disponíveis e permitindo que ocorra maior retenção de água. As novas espécies que chegam competem com as pioneiras e vão gradativamente substituindo-as.

As sucessivas gerações de plantas e animais que nascem, crescem, morrem e se decompõem tornam o solo cada vez mais rico em matéria orgânica e umidade. Esse processo complexo, em que há mudança das comunidades ao longo do tempo, é denominado sucessão ecológica e a comunidade estável formada é conhecida como comunidade clímax.

Sobre o processo descrito no texto, assinale a alternativa correta.

a) Os organismos que se sucedem não influenciam o ambiente que os rodeia, de modo que esse se torna cada vez mais inadequado aos seres vivos.

b) Quando se atinge um estágio de estabilidade em uma sucessão, a comunidade formada apresenta apenas seres vivos produtores de matéria orgânica.

c) Numa região, sob as mesmas condições climáticas gerais, se estabelecem espécies pioneiras que impedem o desenvolvimento de novas espécies.

d) Durante o processo de evolução de uma comunidade ou sucessão ecológica, se observa o aumento de complexidade das cadeias alimentares.

e) O processo de sucessão ecológica termina quando se estabelece na região uma comunidade de espécies pioneiras.

10. (Uece) O movimento entre as substâncias provenientes do meio abiótico para o mundo vivo e o retorno delas a partir dos seres vivos para o meio ambiente se dá por meio dos ciclos biogeoquímicos. Assinale com V (verdadeiro) ou F (falso) o que se afirma sobre os ciclos biogeoquímicos.

(   ) O CO_2 que passa a circular na atmosfera é retirado do ambiente através do processo de fotossíntese realizado exclusivamente pelas plantas.

(   ) No ciclo hidrológico, a água circula entre animais da cadeia alimentar, retornando à superfície através de evapotranspiração, respiração, fezes, urina ou decomposição.

(   ) A maioria dos seres vivos consegue incorporar e utilizar o nitrogênio na forma de gás presente no ar.

(   ) As rochas fosfatadas sofrem erosão e liberam para o solo o fósforo, elemento que será absorvido pelos vegetais, para a produção de ATP e ácidos nucleicos.

A sequência correta, de cima para baixo, é:

a) V, F, V, V.
b) F, V, F, V.
c) V, F, V, F.
d) F, F, F, V.

11. (UEPG-PR) Nos ecossistemas em equilíbrio, o tamanho das populações mantém-se mais ou menos constante ao longo do tempo. No que diz respeito à ecologia de populações, assinale o que for correto.

01) O crescimento populacional é influenciado pelas taxas de natalidade, imigração e emigração.

02) O potencial biótico de uma população corresponde à sua capacidade potencial para aumentar, por reprodução, seu número de indivíduos em condições ideais, isto é, sem fatores que impeçam esse aumento.

04) Na natureza, o tamanho (densidade) das populações em comunidades estáveis permanece relativamente constante.

08) As relações desarmônicas entre os seres vivos, que representam resistência do meio para espécies hostilizadas, não são vistas como prejudiciais em relação ao ecossistema, pois participam da manutenção do equilíbrio ecológico.

16) As populações crescem ou diminuem no tempo em função da capacidade de suporte do ambiente e das interações bióticas.

12. (UFSC) Variações pluviométricas ocorrem conforme as estações do ano em várias regiões do Brasil. Os gráficos abaixo mostram os índices pluviométricos e as temperaturas em algumas cidades localizadas em biomas típicos do nosso País.

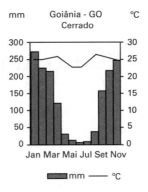
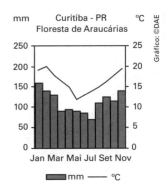
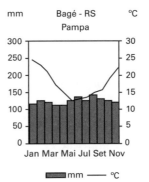
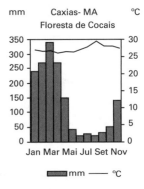

Com base na análise dos dados constantes nos gráficos acima e nos conhecimentos acerca dos biomas típicos do Brasil, é correto afirmar que:

01) nas quatro regiões, os índices pluviométricos não apresentam grandes variações ao longo do ano.

02) Bagé apresenta a distribuição pluviométrica mais irregular durante o ano.

04) nas quatro regiões, os meses com os maiores índices pluviométricos são aqueles em que ocorrem as temperaturas mais baixas.

08) no bioma com o maior índice pluviométrico em um único mês, as monocotiledôneas de grande porte são seus exemplares típicos.

16) as plantas da região de Goiânia devem apresentar adaptações para períodos de estiagem e para sobreviverem ao fogo.

32) a floresta de Araucárias apresenta um índice pluviométrico de cerca de 3.000 m anuais.

O SER HUMANO E O AMBIENTE

▶ IMPACTOS AMBIENTAIS E DESENVOLVIMENTO SUSTENTÁVEL

Impacto ambiental é o resultado das ações humanas no ambiente. Ele pode ser local, regional ou global; é capaz de degradar ou recuperar um ambiente, além de ser passageiro ou permanente. Durante muito tempo, não houve preocupação com os impactos ambientais, embora causassem a degradação ambiental e a morte de diversos organismos, incluindo de seres humanos.

Atualmente, alguns desses impactos, como o descarte de efluentes em corpos d'água, são regulados pela legislação ambiental. Outra maneira de diminuir os impactos ambientais é por meio do desenvolvimento sustentável, ou seja, o ser humano pode interferir na natureza e explorá-la, desde que garanta que ela possa se recuperar dos impactos sofridos. Assim, os recursos naturais e os ambientes seriam preservados para as próximas gerações, que teriam a possibilidade de conhecê-los e usufruí-los. Diversos acordos e reuniões internacionais procuram promover esse tipo de atitude.

▶ POLUIÇÃO E MUDANÇAS CLIMÁTICAS

Poluentes são compostos que, quando estão em uma concentração específica para cada poluente, são prejudiciais a seres vivos ou a processos ambientais. Diversos poluentes são produzidos por atividades humanas, como meios de transporte, produção de energia, atividades industriais, entre outras. Também existem fontes naturais de poluentes.

Uma característica importante dos poluentes é que seu local de ação não é necessariamente o mesmo do seu local de emissão. Eles podem ser transportados pelos ventos, por correntes de água, animais e outros vetores para locais distantes de onde foram produzidos, aumentando a área de atuação de um fenômeno local.

Os poluentes do ar, ou atmosféricos, são gases, vapores e materiais particulados que ficam em suspensão no ar. O CO é originário da combustão incompleta de combustíveis fósseis e está presente na fumaça gerada por cigarros. Quando é inalado, liga-se à hemoglobina de modo não reversível, impedindo o transporte sanguíneo dos gases oxigênio e dióxido de carbono. Em excesso, pode levar à morte. Já os dióxidos de carbono e os óxidos de enxofre e nitrogênio estão ligados, entre outros efeitos, à chuva ácida. O ozônio (O_3), em baixas altitudes, é tóxico para os seres vivos. O material particulado, por sua vez, é formado por poeiras, fumaças e vários tipos de sólido e líquido que estão suspensos no ar. Esses poluentes, quando são inalados, podem causar problemas respiratórios, visto que as partículas podem depositar-se nos alvéolos pulmonares, danificando-os.

Entre as fontes de poluentes atmosféricos, podem ser citados o consumo de combustíveis fósseis, as queimadas e as atividades industriais. Diminuir essas ações e seus efeitos, com o uso consciente de automóveis, a instalação de filtros em chaminés e o controle das queimadas, ajuda a evitar esse tipo de poluição.

O calor irradiado pela superfície da Terra deveria voltar para o espaço, mas parte dele fica retida por materiais atmosféricos. Esse fenômeno é chamado efeito estufa e sem ele nosso planeta teria temperaturas médias anuais em torno de

–15 °C. Isso o tornaria sem condições de sustentar a vida como a conhecemos. Porém, atividades humanas têm produzido gases como o CO_2 e o CH_4 (conhecidos como GEEs – gases do efeito estufa) que intensificam esse efeito, podendo causar mudanças climáticas no planeta que podem levar a efeitos catastróficos, como crises alimentares, aumento do nível do mar, entre outros.

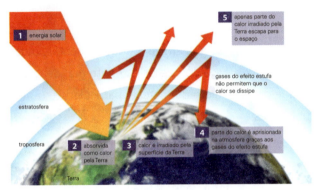

Representação do efeito estufa. Ilustrações sem escala; cores-fantasia.

A camada de ozônio é formada pelo gás O_3 em elevadas altitudes e impede a passagem de radiação ultravioleta do Sol para a Terra. Essa radiação é nociva aos seres vivos. A emissão de CFCs (clorofluorcarbonos) destruiu parte dessa camada, aumentando a incidência da radiação ultravioleta. Porém, atualmente, a emissão dos CFCs é controlada, o que pode levar à recuperação, em longo prazo, da camada de ozônio.

A poluição das águas ocorre pelo despejo de resíduos líquidos e sólidos em corpos d'água. Esses resíduos podem destruir a vida aquática ou alterar o ecossistema aquático de forma intensa. O despejo excessivo de matéria orgânica em um corpo d'água leva à eutrofização, processo no qual, em um primeiro momento, ocorre a proliferação de algas que logo morrem. O material orgânico proveniente das algas mortas provoca crescimento acelerado da população de organismos decompositores aeróbios, que, ao realizar a decomposição, esgotam o gás oxigênio dissolvido na água. Esse esgotamento provoca a morte, por asfixia, de outros organismos aeróbios (de peixes, por exemplo), contribuindo ainda mais para o aumento da quantidade de matéria orgânica a ser decomposta. Como não há mais gás oxigênio, são os organismos anaeróbios que passam a se desenvolver, alterando as propriedades do meio aquático e inviabilizando diversas formas de vida.

Alguns compostos despejados nas águas são tóxicos e não metabolizáveis pelos seres vivos. Assim, eles se acumulam ao longo da cadeia alimentar e alcançam elevadas concentrações nos níveis tróficos superiores, fenômeno conhecido como magnificação trófica.

O despejo de lixo é uma das principais formas de poluição do solo. A produção de chorume, líquido rico em matéria orgânica proveniente do lixo, pode contaminar o solo e ajudar a propagar doenças. A redução, a reutilização e a reciclagem do lixo ajudam a diminuir os impactos causados por ele.

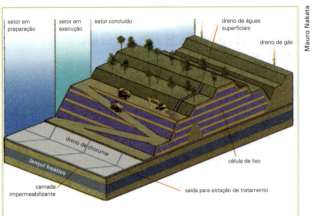

Esquema de aterro sanitário. Um aterro pode ser construído conforme é gerado lixo, destinando as áreas cheias para outra função. O gás gerado pela decomposição do lixo é incinerado, diminuindo o risco de explosões. O chorume, líquido formado pela decomposição do lixo e rico em matéria orgânica, não entra no solo, pois este é impermeabilizado.

AGRICULTURA

Embora a agricultura seja essencial ao ser humano, ela pode degradar o ambiente. A elevada produção de alimentos, necessária atualmente, pode levar à expansão da fronteira agrícola, eliminando biomas nativos para liberar áreas de plantio. O uso de agrotóxicos, quando é feito de maneira errada, pode afetar tanto o consumidor quanto o ambiente da plantação. A irrigação pode levar ao acúmulo de sais no solo, degradando-o. Fertilizantes também precisam ser aplicados tomando-se certos cuidados,

O ser humano e o meio ambiente

pois seu excesso pode degradar o solo. Técnicas como a rotação de culturas, o plantio direto e o uso de plantas consorciadas ajudam a diminuir o impacto agrícola.

Outras formas de cultivo são a agricultura orgânica, que não utiliza agrotóxicos nem fertilizantes sintéticos ou sementes transgênicas. Nela, a adubação é realizada com fertilizantes naturais, como estrume e adubo feito em composteira, e pragas podem ser combatidas com controle biológico, ou seja, com a introdução de um predador da praga que ameaça a plantação. Também pode-se utilizar a hidroponia, processo em que os cultivos ficam embebidos em uma solução nutritiva, dispensando o uso do solo.

▶ AMBIENTE E ENERGIA

Existem diversas formas de produzir energia, porém todas causam impactos ambientais. Assim, é necessário planejar tanto o consumo de energia como as formas de diminuir seus impactos.

As usinas hidrelétricas geram energia elétrica devido à movimentação de turbinas, causada pelo fluxo da água. Porém, o processo de instalação desse tipo de usina causa diversos impactos, como o alagamento de áreas e a destruição de comunidades locais.

As usinas nucleares, por sua vez, utilizam emissões de elementos radioativos, como o urânio-238, para aquecer água e gerar vapor. Esse vapor de água movimenta turbinas que geram eletricidade. Uma vantagem desse tipo de processo é que, assim como nas usinas hidrelétricas, há baixa geração de GEEs. Porém, existe o risco de ocorrerem vazamentos radioativos e acidentes, além de haver produção de lixo nuclear, resíduo altamente tóxico para o qual não existe forma segura de tratamento.

A energia elétrica produzida em usinas termoelétricas (ou termelétricas) é proveniente da queima de um combustível fóssil, como carvão, óleo ou gás, transformando a água em vapor que alimentará o gerador elétrico. Esse tipo de usina emite grande quantidade de GEEs, além de material particulado e outros poluentes.

As fontes solares e eólicas de produção de energia apresentam impactos menos severos que os outros tipos de fonte energética conhecidos, embora ainda sejam pouco usadas. Favorecer esses tipos de fonte de energia não acabará com os problemas ambientais da geração de energia, mas será um avanço em relação à situação atual.

Também podem ser utilizados combustíveis como fontes de energia. Combustíveis fósseis, derivados de petróleo, lenha e gás são muito utilizados para esse fim, mas tanto seu transporte quanto sua queima provocam graves impactos ambientais, como elevada emissão de GEEs. Biocombustíveis apresentam menor emissão de GEEs, já que parte dos gases gerados em sua queima são capturados pelos plantios que serão utilizados em novas produções desses combustíveis. Porém, eles podem gerar outros impactos, como desmatamento para o plantio.

Exercícios

1. (Cefet-MG) O ciclo do carbono envolve processos relacionados com a respiração, decomposição, queima de combustíveis e fotossíntese. A participação do gás carbônico em todos esses eventos fez com que cientistas iniciassem um ambicioso experimento projetado na Amazônia em 20 anos. Esse projeto consiste em bombear, em alguns fragmentos de floresta, uma quantidade 50% maior de CO_2 do que aquela encontrada na natureza.

    Disponível em: <http://www1.folha.uol.com.br>. Acesso em: 29 set. de 2014. (Adaptado).

    O objetivo desse experimento é

    a) aumentar a conversão de gás carbônico em oxigênio.
    b) complementar a captação de CO_2 feita pelas plantas.
    c) prever os efeitos associados ao aquecimento global.
    d) minimizar a perda de dióxido de carbono durante a respiração.
    e) garantir a formação de combustíveis fósseis pela decomposição.

2. (Unesp-SP)

    ### Água doce: o ouro do século 21

    O consumo mundial de água subiu cerca de seis vezes nas últimas cinco décadas. O Dia Mundial da Água, em 22 de março, encontra o líquido sinônimo de vida numa encruzilhada: a exploração excessiva reduz os estoques disponíveis a olhos vistos, mas o homem ainda reluta em adotar medidas que garantam sua preservação.

    (http://revistaplaneta.terra.com.br)

    Além da redução do consumo, uma medida que, a médio e a longo prazos, contribuirá para a preservação dos estoques e a conservação da qualidade da água para consumo humano é

    a) a construção de barragens ao longo de rios poluídos, impedindo que as águas contaminadas alcancem os reservatórios naturais.
    b) o incentivo à perfuração de poços artesianos nas residências urbanas, diminuindo o impacto sobre os estoques de água nos reservatórios.
    c) a recomposição da mata nas margens dos rios e nas áreas de nascente, garantindo o aporte de água para as represas.
    d) o incentivo à construção de fossas sépticas nos domicílios urbanos, diminuindo a quantidade de esgotos coletados que precisam ser tratados.
    e) a canalização das águas das nascentes e seu redirecionamento para represas, impedindo que sejam poluídas em decorrência da atividade humana no entorno.

3. (PUC-RS) Nos últimos anos, ocorreu a mortalidade em massa de peixes no rio dos Sinos e no arroio Dilúvio. Uma das principais causas apontadas pelos peritos foi o lançamento irregular de dejetos industriais, agrícolas e domésticos não tratados nos corpos d'água. Essa forma de poluição em grandes quantidades pode desencadear um processo denominado de eutrofização. Considerando essas informações, pode-se afirmar que

    a) a cadeia trófica de um ambiente eutrofizado se desequilibra pelos baixos níveis de nutrientes dissolvidos, limitando o desenvolvimento de produtores.
    b) a taxa de oxigênio aumentada na água pode causar a proliferação da população de peixes.
    c) a coloração escura de um ambiente pós-eutrofizado pode ser explicada pela ausência de algas e cianobactérias.
    d) nitratos e fosfatos são os principais componentes orgânicos apontados como causadores do processo de eutrofização.
    e) a turbidez da água é um dos fatores responsáveis pelos baixos níveis de oxigênio de um ambiente eutrofizado.

4. (Fatec-SP) Um dos problemas enfrentados atualmente pelas cidades é o grande volume de esgoto doméstico gerado por seus habitantes. Uma das formas de minimizar o impacto desses resíduos é o tratamento dos efluentes realizado pelas estações de tratamento. O principal método utilizado para isso é o tratamento por lodos ativados, no qual o esgoto é colocado em

contato com uma massa de bactérias em um sistema que garante a constante movimentação e oxigenação da mistura, ambas necessárias para que o processo de decomposição possa ocorrer.

As bactérias envolvidas no método de tratamento de esgoto descrito obtêm energia por meio do processo de

a) fermentação, pois necessitam do gás oxigênio para promover a transformação da matéria inorgânica em matéria orgânica.

b) respiração anaeróbia, pois necessitam do gás oxigênio para realizar a transformação da matéria orgânica em matéria inorgânica.

c) respiração anaeróbia, pois necessitam do gás oxigênio para promover a transformação da matéria inorgânica em matéria orgânica.

d) respiração aeróbia, pois necessitam do gás oxigênio para promover a transformação da matéria inorgânica em matéria orgânica.

e) respiração aeróbia, pois necessitam do gás oxigênio para promover a transformação da matéria orgânica em matéria inorgânica.

5. (UFRGS-RS) Observe a figura abaixo, referente à supressão de campos nativos do Rio Grande do Sul.

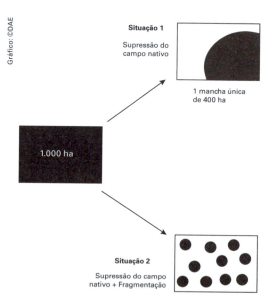

Com base no esquema, assinale a alternativa que preenche corretamente as lacunas do enunciado abaixo, na ordem em que aparecem.

As espécies campestres de mamíferos encontram melhores condições de hábitat na situação _____, uma vez que pode ocorrer _____ na situação _____.

a) 1 – isolamento geográfico – 2

b) 2 – perda da biodiversidade – 1

c) 2 – aumento de predadores – 1

d) 1 – aumento da biodiversidade – 2

e) 2 – isolamento geográfico – 1

6. (Uerj)

O Rio Amazonas está sendo ameaçado por um inimigo minúsculo: um pequeno mexilhão invasor originário da China. Desde que chegou à América do Sul, no princípio da década de 1990, o mexilhão-dourado conquistou novos territórios em uma velocidade alarmante, abrindo caminho entre a flora e a fauna nativa e se espalhando por cinco países.

oglobo.com, 06/02/2015.

Espécies invasoras são uma grande preocupação nos dias de hoje: proliferam rapidamente quando introduzidas em novos ambientes, através de meios de transporte cada vez mais eficientes.

Apresente uma importante consequência ambiental negativa da introdução de espécies invasoras, para as populações locais. Em seguida, cite dois fatores bióticos que podem explicar a facilidade com que esses animais se multiplicam em um novo *habitat*.

7. (Ulbra-TO) Conforme o Fundo Mundial para a Natureza (WWF), "a pegada ecológica de um país, de uma cidade ou de uma pessoa corresponde ao tamanho das áreas produtivas, de terra e de mar, necessárias para gerar produtos, bens e serviços que sustentam determinados estilos de vida". Em 1996, William Rees e Mathis Wackernagel lançaram o livro "Nossa pegada ecológica – reduzindo o impacto humano na Terra" que divulgou mundialmente a metodologia. O tema, antes restrito ao círculo acadêmico, ganhou espaço entre cidadãos e organizações, sobretudo, com a ascensão das ferramentas *on-line* para cálculo da pegada ecológica.

Dentre as alternativas abaixo, assinale aquela que reduz a pegada ecológica média individual.

a) Evitar alto consumo diário de proteína animal, produtos industrializados e *fast food*.
b) Diminuir o consumo de alimentos e têxteis produzidos próximos geograficamente, fabricados por métodos artesanais e cooperativos.
c) Reduzir o consumo de artigos manufaturados de forma eficiente e econômica.
d) Substituir roupas de fios naturais (algodão) por fios sintéticos (poliéster).
e) Utilizar copos descartáveis por copos reutilizáveis.

8. (IFBA) A agricultura convencional é amplamente utilizada em várias regiões do planeta. Uma característica marcante dessa forma de produção agrícola é a supressão de grandes áreas de vegetação nativa e sua substituição por monoculturas. Sobre as alterações ecossistêmicas e as implicações evolutivas dessa forma de agricultura, analise as proposições a seguir.

I. A substituição da vegetação nativa por monoculturas otimiza a drenagem da água da chuva pelo solo, sendo um fator que contribui, positivamente, para o ciclo da água da natureza.

II. As correções que, geralmente, são feitas no solo, antes do plantio, favorecem um maior aporte de nutrientes para rios e lagos adjacentes às plantações, ocasionando um aumento na produtividade desses ecossistemas em longo e médio prazo.

III. A aplicação de inseticidas, de amplo espectro, pode reduzir a densidade populacional de insetos polinizadores de certas culturas e promover uma diminuição na produtividade agrícola em médio e longo prazo.

IV. Fungos resistentes aos fungicidas, aplicados em certas culturas, podem se disseminar e promover um aumento populacional nessas culturas. Tal cenário é compatível com os mecanismos previstos na seleção natural.

V. Muitos nichos ecológicos podem ser perdidos em cenários alterados pela agricultura convencional, o que, em médio e longo prazo, pode levar à substituição das comunidades bióticas originais por comunidades depauperadas.

Estão corretas as proposições:

a) I, II e IV
b) I, IV e V
c) I, III e V
d) II, IV e V
e) III, IV e V

9. (Enem PPL)
Os parasitoides são insetos diminutos, que têm hábitos bastante peculiares: suas larvas se desenvolvem dentro do corpo de outros animais. Em geral, cada parasitoide ataca hospedeiros de determinada espécie e, por isso, esses organismos vêm sendo amplamente usados para o controle biológico de pragas agrícolas.

Santo, M. M. E. Et AL. Parasitoides: insetos benéficos e cruéis. *Ciência Hoje*, n. 291, abr. 2012 (adaptado).

O uso desses insetos na agricultura traz benefícios ambientais, pois diminui o(a)

a) tempo de produção agrícola.
b) diversidade de insetos-praga.
c) aplicação de inseticidas tóxicos.
d) emprego de fertilizantes agrícolas.
e) necessidade de combate a ervas daninhas.

10. (UEPG-PR) O progresso humano desordenado gera forte impacto sobre os recursos naturais e espécies existentes. Nesse contexto, assinale o que for correto.

01) A energia hidrelétrica é considerada "energia limpa" por não gerar nenhum impacto sobre as populações das áreas alagadas e não alterar em nada a biologia dos organismos aquáticos.

02) A utilização em grande escala da energia solar e eólica pode ser uma alternativa para reduzir um pouco o impacto da construção das hidrelétricas no Brasil.

04) Atualmente, grandes vazamentos de petróleo, como os que ocorreram na costa dos Estados Unidos, geram pouco ou nenhum efeito sobre o ambiente, pois o ser humano foi capaz de desenvolver bactérias capazes de degradar totalmente o combustível.

08) A produção do etanol combustível no Brasil é considerada medida importante para redução da emissão de gases poluentes.

Gabarito

EXAMES, COMPETÊNCIAS E HABILIDADES

1. b
2. d
3. c
4. c
5. a
6. a
7. e
8. b
9. b
10. e
11. a
12. a) O nome científico permite saber exatamente a que ser vivo se referem as informações da tabela, já que definições como "bactéria" se referem a diversas espécies.
    b) Não existe grau de evolução, já que os organismos existentes são igualmente evoluídos. Assim, a relação pedida não pode ser feita.
    c)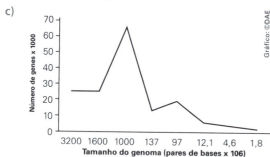
    Ele permite ver que não há relação direta entre o tamanho do genoma e o número de genes.
    d) A tabela permite ver que um grão de soja possui mais que o dobro de genes de um ser humano, apesar de ser mais simples do que este. Fatores como a pleiotropia e o *splicing* alternativo do RNA podem ajudar a explicar por que um número menor de genes permite a existência de um organismo mais complexo que a soja.
13. Instruções: A redação deve ter título, introdução, discussão dos argumentos propostos e conclusão. Na dissertação, é necessário analisar diversos aspectos da aplicação de conceitos científicos em peças publicitárias e os possíveis efeitos que eles podem ter. As imagens apresentam exemplos que podem ser citados na redação, o que ajudará a restringir generalizações e estereótipos.
    Os argumentos utilizados na redação devem ser livres, mas coerentes, e estar dentro de uma perspectiva de vida cidadã. O texto deve ser claro, e a conclusão sustentada pelos argumentos utilizados.

O ESTUDO DA VIDA

1. 01 + 02 = 03
2. d
3. e
4. c

A CÉLULA

1. d
2. d
3. a
4. d
5. c
6. b
7. a
8. e
9. d
10. a
11. 01 + 02 + 04 + 08 = 15
12. 01 + 02 + 04 = 07
13. e
14. a

A VIDA DA CÉLULA

1. a
2. c
3. 04 + 08 + 16 = 28
4. a) Como o fermento é constituído por microrganismo anaeróbio facultativo, o que permanecer na superfície da massa deve respirar (aeróbio), porque está em contato com o oxigênio do ar atmosférico. O que se encontra no interior da massa, por se encontrar isolado do ar atmosférico, deve fermentar anaerobicamente.
    b) Os microrganismos fermentadores, que se encontram no miolo da massa, realizam fermentação alcoólica, produzem gás carbônico que, ao ser eliminado, provoca a expansão da massa, fazendo-a crescer.
5. d
6. d
7. a
8. a) I - cloroplasto; II - granum; III - mitocôndria; IV - cristas mitocondriais.
    b) Em **a** que representa a fotossíntese, são utilizados CO_2 e água para produzir açúcares e oxigênio, que são utilizados em **b** que representa a respiração, para produzir ATP, que libera energia para as atividades celulares, CO_2 e água. Em síntese, um processo depende dos produtos do outro.
    c) Glicólise, ciclo de Krebs e cadeia respiratória.
9. e
10. A molécula é de DNA porque apresenta timina. É formada por uma única cadeia de nucleotídeos porque as quantidades dos pares não são iguais. Assim, a quantidade de timina deveria ser igual ou muito próxima à de adenina se fosse dupla cadeia, porque A e T formam pares. O mesmo se pode dizer com respeito ao par guanina/citosina (G/C).
11. e
12. e

13.
a) Usando 3 das 4 letras (A, U, C e G) podemos construir 4³, ou seja, 64 combinações diferentes, número esse mais que suficiente para os 20 aminoácidos; se a combinação fosse de 2 letras, conseguiríamos formar apenas 4², isto é, 16 combinações, o que seria insuficiente para 20 aminoácidos.

b) Sim, porque o código genético é degenerado. Não, porque o código genético não é ambíguo.

14.
a) A célula tratada com colchicina processaria a mitose até a fase de metáfase. A anáfase não seria possível ocorrer porque ela depende da presença das fibras do fuso para separar as cromátides.

b) A célula resultante desse processo teria o dobro do número de cromossomos da célula original, porque duplicaria os cromossomos e não os separaria.

15. c

16.
a) Durante a interfase, as células produzem RNA, proteínas e aumentam o seu volume (período G1). No período S ocorre síntese de DNA e, consequentemente, a duplicação dos cromossomos.

b) A maior quantidade de DNA é verificada no período G2 da interfase.

c) Em humanos com cariótipo normal, verificam-se, no período G2, 46 cromossomos duplicados, cada um com 2 cromátides, e, portanto, 92 cromátides no total.

17. d

18. a

19. e

A REPRODUÇÃO DOS ORGANISMOS

1. 02 + 04 + 08 + 16 = 30

2. c

3.
a) Sexuada: I e IV. Assexuada: III e V.

b) Aumento da variabilidade genética. O processo de divisão celular é a meiose e o evento dela que contribui para o aumento da variabilidade genética é o *crossing-over*.

4. d

5. A reprodução sexuada aumenta a variabilidade genética da população de caramujos parasitados pelos vermes. Dessa forma, a população apresenta maior possibilidade de sobreviver quando parasitada pelos vermes.

A reprodução assexuada produz cópias geneticamente idênticas, mas permite o aumento mais rápido da população de caramujos.

6. d

7.
a) Hormônio folículo-estimulante (FSH): estimula o amadurecimento do folículo primário do ovário durante a fase proliferativa do ciclo menstrual. Hormônio luteinizante (LH): estimula a ovulação e a formação do corpo lúteo no ovário.

b) Folículo ovariano em amadurecimento. A diminuição dos níveis desses hormônios indica o fim do ciclo ovariano e menstrual.

c) O HCG estimula o corpo lúteo ovariano a secretar os hormônios esteroides estrogênio e progesterona, os quais mantêm a gestação, até o final do terceiro mês de gravidez.

8. a

9. 02+16=18

10. e

11. d

DESENVOLVIMENTO ANIMAL

1. a

2. d

3. b

4. b

5.
a) a fecundação e a clivagem do embrião humano acontecem na tuba uterina, na região bem próxima ao ovário. Durante o seu deslocamento da tuba uterina até o útero propriamente dito, o zigoto passa pela fase de mórula e atinge do blastocisto. Esse último só passa para o estágio de gástrula depois de se alojar firmemente na parede uterina

b) Ao final da gastrulação o embrião humano tem dois folhetos embrionários: a ectoderme e a mesentoderme, o arquêntero e o blastóporo.

c) O desenvolvimento clínico de 40 semanas inclui as duas semanas que precedem à implantação do blastocisto no útero.

6.
a) Na fecundação interna o gameta masculino é introduzido no interior do corpo da fêmea. O ovo com casca protege o embrião principalmente contra a desidratação, além de se constituir numa barreira de contenção do seu conteúdo. Esse ovo possui âmnio, alantoide e cório, anexos embrionários essenciais para o desenvolvimento embrionário no ambiente terrestre.

b) A alimentação é patrocinada pelo vitelo da vesícula vitelínica e os resíduos metabólicos (excreção) são depositados no alantoide.

7. d

8. O ovo da galinha tem de possuir muito vitelo, porque, durante o desenvolvimento embrionário, o embrião não tem condições de conseguir alimento do exterior, nutrindo-se exclusivamente das suas reservas. Na vaca, o ovo é pequeno e com pouco vitelo, porque o embrião é nutrido por alimento fornecido diretamente pela mãe através da placenta.

9. d

10. a

11. c

12. d

13. a

14. 01 + 04 + 16 = 21

15. c

HISTOLOGIA ANIMAL

1. e
2. a
3. d
4. b
5. 01+08=09
6. a
7. b
8. c
9. a) Camila e Carlos.

   b) Sérgio. Pessoas anêmicas apresentam menor quantidade de glóbulos vermelhos ou carência de hemoglobina nos eritrócitos. Consequentemente, transportam menor quantidade de oxigênio (O_2) aos tecidos, fato que justifica um quadro de cansaço físico.

A DIVERSIDADE ECOLÓGICA

1. a
2. e
3. a
4. b
5. 09
6. b
7. d
8. a) Há cerca de 3 bilhões de anos, a Terra pode ter sido habitada por microorganismos unicelulares, procariotos e anaeróbios, isto é, capazes de produzir energia a partir da fermentação de compostos orgânicos.

   b) As espécies modernas podem realizar a respiração aeróbica com consumo de O_2 e produção de maior quantidade de ATP. Esse processo envolve a glicólise, o ciclo de Krebs e a cadeia respiratória, os dois últimos ocorrendo no interior das mitocôndrias. Em microorganismos anaeróbios ocorre a fermentação, fenômeno que produz menor quantidade de ATP e ocorre no citosol, envolvendo apenas a fase glicolítica.

VÍRUS, PROCARIONTES, PROTISTAS E FUNGOS

1. c
2. a) As concentrações das soluções celulares desses protozoários são superiores à da água doce (por causa disso, necessitam do vacúolo pulsátil) e inferiores ao do mar. Em contato com água marinha, irão perder água por osmose e, como não têm recursos para segurar essa água, irão se desidratar completamente.

   b) Trata-se de transporte passivo do solvente, a água, processo conhecido por osmose.
3. c
4. a
5. b
6. d
7. b
8. a
9. e
10. d

PLANTAS

1. d
2. a) A remoção da casca retira o floema, interrompe a circulação da seiva elaborada que passa a se acumular, congestionando o floema na parte superior da região onde se realizou a remoção da casca. O espessamento, com o passar do tempo, torna-se cada vez maior, porque ao fazer fotossíntese a planta produz incessantemente a seiva elaborada.

   b) A árvore morre porque as raízes deixam de receber alimento (seiva elaborada). Com a sua morte, a seiva bruta não é mais absorvida e, como consequência, a copa seca e posteriormente também morre.

   c) Uma vez retirada a gema apical, as gemas laterais começam a se desenvolver formando mais ramos e flores.

   d) Sem as folhas, não há fotossíntese. Assim, não há o transporte de carboidratos, e a planta sobrevive.
3. c
4. a) O caule tem geotropismo negativo e a raiz apresenta geotropismo positivo.

   b) Numa planta colocada na posição horizontal, devido à gravidade, a concentração de auxina se torna maior na parte voltada para baixo, tanto no caule como na raiz. A maior concentração de auxina produz resultados diferentes, induzindo o crescimento maior na parte de baixo do caule, ao mesmo tempo que inibe o crescimento da raiz. Como consequência, a raiz cresce em direção ao centro de gravidade e o caule se distancia dele.
5. Um dos tipos de movimento: nastismo; movimento de turgor. Ambiente com pouca luz ou sem luz. Coloração clara. Presença de glândulas odoríferas bem desenvolvidas.
6. b
7. d
8. b
9. a) Os tecidos relacionados com a sustentação mecânica das plantas são esclerênquima, colênquima e xilema (lenho). A flexibilidade dos ramos é determinada pelo colênquima.

   Características: esclerênquima: tecido formado por células mortas, alongadas ou poliédricas, cujas paredes são impregnadas por lignina; colênquima: tecido formado por células vivas, poliédricas, cujas paredes são espessadas por celulose; xilema: tecido formado por células mortas, tubulares apresentando diversos tipos de reforços constituídos por lignina. Sua principal função é o transporte da seiva mineral (bruta), além de atuar na sustentação mecânica dos vegetais vasculares (traqueófitos).

   b) Os ramos novos crescem a partir do desenvolvimento das gemas laterais do caule. A queda de um galho causa a redução concentração da auxina (AIA) na região onde as gemas laterais estão dormentes. A redução na concentração AIA faz com que as gemas entrem em atividade e produzam novos ramos em substituição aos que foram perdidos.

ANIMAIS INVERTEBRADOS

1. e
2. d
3. a
4. e
5. d
6. e
7. a
8. d

CORDADOS

1. d
2. c
3. a) Ordem squamata – serpentes e lagartos; Ordem crocodilia – crocodilos e jacarés; Ordem Chelonia – tartarugas, jabutis e cágados.

    b) Os répteis desenvolveram epiderme queratinizada, revestida por escamas ou placas ósseas, que evita perdas de água pela pele, pulmões bastante eficientes nas trocas gasosas com o ambiente aéreo, ovos amnióticos protegidos por uma casca membranosa ou calcária e embriões que desenvolvem estruturas extraembrionárias (saco vitelínico, âmnio e alantoide), permitindo o seu desenvolvimento fora da água. Além disso, excretam urina pastosa e apresentam fecundação interna.

4. A amônia é uma substância muito solúvel e altamente tóxica tendo, por isso, de ser eliminada assim que é eliminada. Animais que excretam diretamente a amônia vivem normalmente na água. Assim, podem-se citar os peixes teleósteos e os girinos de anfíbios, os quais excretam amônia principalmente pelas brânquias. Em aves, a ausência de bexiga urinária e a excreção de ácido úrico com as fezes diminui o peso específico do animal e facilita o voo. Em répteis, a excreção fecal de ácido úrico resulta em economia de água e adapta melhor esses animais às regiões áridas.

5. c
6. a) O número 1 representa as brânquias e o número 2 representa os pulmões. O organismo X pode ser um peixe ou um anfíbio e o organismo Y pode ser uma ave ou um mamífero (o candidato pode citar apenas um exemplo de classe para o organismo X e um exemplo de classe para o organismo Y).

    b) Maior disponibilidade de oxigênio e, consequentemente, aquisição de níveis metabólicos mais elevados.

7. d
8. a
9. a
10. 01 + 02 + 04 = 07

FISIOLOGIA HUMANA

1. a
2. b
3. d
4. d
5. c

GENÉTICA

1. b
2. a
3. a
4. a
5. d
6. c
7. c
8. b
9. Epistasia

    A expressão de um gene interfere na expressão de outro. Ambos têm o genótipo Eebb.

    Pais: Eebb × Eebb

    $P(\text{filhote E\_bb}) = \dfrac{3}{4} \times 1 = \dfrac{3}{4}$ ou 0,75 ou 75%.

10. a) Gametas parentais: AB = 43,5% e ab = 43,5%

    Gametas com permutação: ab = 6,5% e aB = 6,5%.

    b) Gametas recombinantes com permutação: Ab e aB.

    c) Pais: AB/ab × ab/ab.
    Filhos: 43,5% AB/ab; 43,5% ab/ab; 6,5% Ab/ab e 6,5% aB/ab.

11. e

BIOLOGIA MOLECULAR

1. a) Não. O gene codificante para a molécula de hemoglobina encontra-se inativo e não se expressa nas células da mucosa bucal. Dessa forma não será possível detectar o transcrito.

    b) Sim. O genoma é o mesmo em todas as células somáticas de um organismo humano.

2. c
3. c
4. a) Os mosquitos da espécie Aedes aegypti são modificados pela técnica da transgênese, ou seja, pela transferência de genes entre espécies diferentes. Os machos geneticamente modificados transmitem aos seus descendentes genes letais, os quais impedem que os filhotes atinjam a idade adulta.

b) Os ovos produzidos pelas fêmeas que se acasalam com os machos modificados contêm cópias de genes que codificam a produção de substâncias fluorescentes. Esses genes são exógenos e transmitidos pelos machos. Os ovos são iluminados com radiação visível, próxima ao ultravioleta, os que emitem fluorescência são transgênicos.

5. d

6. a

7. a) Sim. A criança é filho biológico do suposto pai, porque todas as bandas de DNA que ele não herdou de sua mãe coincidem com as desse homem.

   b) A amostra de sangue recolhida no local do crime é de uma terceira pessoa não identificada, porque diversas bandas de DNA verificadas nessa amostra não coincidem com as amostras detectadas no DNA da vítima ou do suspeito.

8. d

EVOLUÇÃO

1. a) Segundo Lamarck, o uso e desuso de órgãos podem produzir insetos semelhantes às folhas ou ramos e essas características são transmitidas à descendência.

   b) De acordo com a teoria de Seleção Natural darwiniana, ser parecido com folhas e ramos é condição favorável para a sobrevivência e reprodução dos insetos no ambiente onde vivem.

2. d
3. b
4. e
5. F, F, F, F, V
6. b
7. c
8. 01 + 02 + 16 = 19
9. b
10. e
11. a) Uma determinada colônia de bactérias originalmente sensíveis a determinado antibiótico pode produzir, por mutação, uma linhagem resistente. A partir daí o medicamento passa a eliminar os microorganismos sensíveis, permitindo a proliferação das bactérias geneticamente resistentes.

    b) Mitose. A reprodução bacteriana por bipartição envolve, em cada fase, uma duplicação do material genético (DNA) e uma divisão celular, produzindo duas células-filhas idênticas entre si e idênticas à célula-mãe.

12. a) Variabilidade genética por mutações e recombinações gênicas (*crossing-over*, segregação independente e fecundação) e seleção natural de variedades resistentes aos parasitas.

    b) Poderia se tornar uma nova espécie se ocorresse o isolamento reprodutivo com a população original.

c) As variações surgem como resultado de mecanismos genéticos, tais como mutações e recombinações gênicas.

ECOLOGIA

1. c
2. c
3. a) Os poluentes domésticos e industriais lançados na área urbana levam à diminuição da concentração de oxigênio dissolvido na água, o que interfere negativamente na sobrevivência dos peixes predadores de mosquitos. Também o aumento de matéria orgânica favorece o aumento da população de mosquitos.

   b) Cadeia alimentar: Algas (produtores) – zooplâncton – larvas de insetos – peixes insetívoros.

4. d
5. b
6. d
7. a) Decompositores (bactérias e fungos).

   b) Sim. Os organismos autótrofos produzem matéria inorgânica, utilizando a energia da luz.

   c) Teia I. Nessa teia a perda de energia entre os níveis tróficos é menor, porque não há competição entre os seus participantes.

8. c
9. d
10. b
11. 01 + 02 + 04 + 08 + 16 = 31
12. 08 + 16 = 24

O SER HUMANO E O AMBIENTE

1. c
2. c
3. e
4. e
5. a
6. Consequências: perda de biodiversidade; competição, predação ou parasitismo de espécies locais.

   Fatores: ausência de predadores locais; ausência de parasitas ou patógenos; resistência maior a parasitas ou patógenos existentes; taxa de reprodução mais elevada do que à das espécies locais.

7. a
8. e
9. c
10. 02 + 08 = 10